欧阳钦画传

滕叙兖 欧阳晓光 编著

中共党史出版社

图书在版编目(CIP)数据

欧阳钦画传/滕叙兖,欧阳晓光著 . —北京:中共党史出版社,2015.12
ISBN 978-7-5098-3225-7

Ⅰ.①欧… Ⅱ.①滕… ②欧… Ⅲ.①欧阳钦(1900～1978)—传记—画册
Ⅳ.①K827=7

中国版本图书馆 CIP 数据核字(2015)第 192009 号

出版发行 中共党史出版社
责任编辑:王　兵
复　　审:李亚平
终　　审:汪晓军
责任校对:龚秀华
责任印制:谷智宇
责任监制:贺冬英
社　　址:北京市海淀区芙蓉里南街6号院1号楼
邮　　编:100080
网　　址:www.dscbs.com
经　　销:新华书店
印　　刷:北京盛通印刷股份有限公司
开　　本:185mm×260mm　1/16
字　　数:247 千字
印　　张:18.25
印　　数:1—3000 册
版　　次:2015 年 12 月第 1 版
印　　次:2015 年 12 月第 1 次印刷
　ISBN 978-7-5098-3225-7
定　　价:56.00 元

此书如有印制质量问题,请与中共党史出版社出版业务部联系
电话:010—82517197

代　序

纪念欧阳钦[①]

杨尚昆

欧阳钦同志是 1919 年赴法国勤工俭学、1924 年入党的老同志，曾先后在中国工农红军第一方面军、红三军团担任过政治部组织部长和红六师政治部主任，我们有过一段共事的历史。以后他在西北和东北工作，我们也时有接触。由于在"文化大革命"中受到林彪、"四人帮"的残酷迫害，他身体遭到摧残，在 1978 年就逝世了，未能看到党的十一届三中全会后的巨大变化，使我深感痛惜，并时常引起对他的怀念。

欧阳钦同志从法国到苏联学习军事后回国，就在叶挺独立团参加北伐战争。大革命失败后，他在周恩来同志的直接领导下，在中央军事部工作，经受了地下工作和白色恐怖的严峻考验。1931 年初到中央苏区任苏区中央局秘书长，曾直接在毛泽东同志领导下工作。在这期间奉派去上海向党中央汇报中央苏区的工作。周恩来同志亲自听了汇报，了解到苏区的详实情况后，发出了中央致苏区中央局和红军总前委的指示信，肯定了中央苏区的成绩和第一、二次反"围剿"的胜利，同时指出了反"AB 团"斗争中存在着简单化和扩大化的问题。后来欧阳钦转到军队工作，参加了第五次反"围剿"和二万五千里长征。他对"短促突击"、"拼消耗"的错误战略战术不满，坚定地拥护毛泽东同志的军事路线。经过长征到达陕北后，他转到地方，在陕甘省委、陕甘工委、国民党统治区的陕西省委和西北局担任负责工作。抗战胜利后，到冀察热辽分局任秘书长，建国后任旅大市委书记、黑龙江省委第一书记和东北局第二书记。

[①]　此文节选于《回忆欧阳钦》，中共党史出版社 1992年版。

　　欧阳钦同志有丰富的工作经验，善于运用唯物主义辩证法去全面地、历史地观察和分析问题，因而能正确处理各种复杂的矛盾。就我所知：他在国民党统治区任陕西省委书记时，在极为复杂的环境中，严格贯彻党中央对国民党统治区党组织"隐蔽精干"和尽量地发展统一战线工作的政策，保存和巩固了党组织，发展了统战关系；他重视情报工作，在一些重要部门发展了情报关系，有的后来起了很大作用。在冀察热辽工作时，鉴于这个地区的重要战略地位，他积极发动群众，进行土地改革，稳妥地掌握政策，强调蒙汉团结，支援了东北的解放战争。1948年任旅大地委书记时，他明确指出：旅大是苏军控制下的解放区，要根据这一特点制定工作方针和各项政策，很快统一了干部思想，使旅大工作有很大发展。他担任黑龙江省委第一书记时，提出黑龙江省是个新兴工业地区和重要的农业、林业地区，并根据这个实际情况制定工作方针，把刚组合起来的两省一市的干部团结起来拧成一股绳，做好全省工作。这些都反映了欧阳钦同志在领导一个地区工作时，具有掌握全局战略的领导水平。

　　欧阳钦同志党性强，原则性强，光明磊落，一心为公，实事求是，坚持真理，深受同志们的敬爱。在长达半个多世纪的革命生涯中，他不仅做出了许多重要贡献，而且显示了一个老共产党员的高风亮节。

　　欧阳钦同志主持一个地区工作总是顾全大局，把地区放在国家的全局中考虑。他反复强调："全国支援了东北、发展了东北，东北有责任支援全国各地的发展。"对国家建设大庆油田和开发北大荒，他都主动地积极地全力给以支持。在国家粮食供应有困难的那些年里，他提出"顾全大局，服从整体，厉行节约，分担困难"的口号，从黑龙江调出大量粮食支援了全国，受到中央领导同志的赞许。

　　欧阳钦同志长期做党的工作，一贯重视党的领导和思想政治工作。他在党的第八次全国代表大会上的发言，就是专讲加强党的领导问题。对黑龙江省的工作，他提出"思、农、工、林及其他"的安排次序，把思想工作放在首位。他十分重视学习。在不同地区、不同政治形势和条件下，他以不同的方式，积极提倡和组织干部、群众联系实际学习马列主义、毛泽东思想和提倡工农学哲学,这些在西北,在大连,在黑龙江都发生了很大影响。我们今天在纠正"一手硬、一手软"的情况下,学习欧阳钦同志一贯重视党的领导、重视思想政治工作的精神,有重要现实意义。

　　像欧阳钦同志这样的老一辈无产阶级革命家,在我们党是不可多得的。他们遗留下丰富的、宝贵的精神财富。我们纪念他们就是在于继承和发扬他们在长期艰苦的革命斗争中形成的高尚品质和优良作风,更好地完成我们正在进行的建设有中国特色的社会主义的伟大事业。

目录

001　**第一章　追求真理　勤工俭学法兰西**

001　1. 少年时代

004　2. 赴法勤工俭学

012　3. 加入中国共产党

014　**第二章　转战汉沪　出生入死播火种**

014　1. 在大革命的洪流中

016　2. 血雨腥风的岁月

020　**第三章　苏区四年　血染征衣万里路**

020　1. 在瑞金红色根据地

023　2. 血染长征路

026　**第四章　陕甘工委　全力争取东北军**

026　1. 争取东北军抗日救国

028　　2. 西安事变

032　　3. 夫妻团圆

034　　**第五章　全面抗战　陕西省委掌舵人**

034　　1. 全力开展西北军的统战工作

035　　2. 创办《西北》周刊

038　　3. 与黄葳重组家庭

040　　4. 儿子湘湘出生

041　　5. 反共高潮中隐蔽精干讲策略

044　　**第六章　整风生产　勤思敬业见品德**

044　　1. 在"抢救运动"中保护干部

047　　2. 参加大生产运动

049　　3. 心胸坦荡，宽厚待人

050　　4. 出席中共七大

052　**第七章　进军东北　冀察热辽土改忙**

052　1. 向北发展，走向冀察热辽地区

056　2. 领导热东土改

060　**第八章　旅大履新　认清形势定方略**

060　1. 出任中共旅大地委书记

069　2. 确定"两个发展"的十六字方针

073　**第九章　日新月异　生产文化齐发展**

073　1. 旅大为新中国诞生作出重大贡献

076　2. 广纳贤才，建立教育文化基地

079　3. 陪同毛主席和周总理访问苏联

084　4. 接待我党政军重要领导人

092　5. 老来得女喜盈门

095　**第十章　主政龙江　黑土地上绘新图**

095　　1. 北上赴任，主政黑龙江省

101　　2. 确定全省发展方针，突出工业建设

104　　3. 参加中共八大，当选中央委员

106　　4. 在抗洪第一线

109　　**第十一章　实事求是　疾风狂澜守底线**

109　　1. 在"大跃进"年代抵制极左路线

113　　2. 庐山会议上对"批彭"持保留态度

118　　3. 调查研究破困局谋发展

122　　**第十二章　守土报国　顾全大局赤子情**

122　　1. 顾全大局，完成国家粮食征购任务

126　　2. 把"北大荒"建成"北大仓"

131　　3. 大庆石油大会战

139　　4. 支持哈军工的建设

145　**第十三章　北疆迎宾　领导友人访龙江**

145　1. 邀请刘少奇主席考察林业

148　2. 中央领导视察黑龙江

152　3. 重视外事，与邻国边境地区友好往来

156　**第十四章　政通人和　开明忠厚"老班长"**

156　1. 重视党的建设和思想政治工作

159　2. 忠厚长者的民主作风

163　3. 把老百姓放在心上

170　**第十五章　繁荣文化　情系美丽黑龙江**

170　1. 建设"文风鼎盛、文艺繁荣"的黑龙江

177　2. 情寄黑土地

182　**第十六章　春风化雨　言传身教好家风**

182　1. 父亲说："不要依赖爸爸妈妈，要靠自己闯"

191   2. 重视省委干部子女的教育工作

195   **第十七章** 乱世如磐　铮铮铁骨渡劫波

195   1. "文化大革命"前夜突然病倒

196   2. "文化大革命"初期的动荡生活

199   3. 周总理的保护

204   4. 在黑龙江两年的艰难岁月

205   5. 铁骨铮铮，坚贞不屈

210   6. 欧阳湘遇害

220   **第十八章** 相濡以沫　风雨同舟盼光明

220   1. 冲破封锁去北京治病

224   2. 黎明之前

227   **第十九章** 哲人其萎　高风亮节垂青史

227   1. 十月金秋粉碎"四人帮"

233　　2. 他走在春花烂漫时

244　　**第二十章　告慰双亲　历史至公传佳音**

244　　1. 平反欧阳湘冤案

246　　2. 平反"里通苏修反党叛国集团"假案

248　　3. 百年诞辰纪念

252　　4. 海峡两岸的兄妹亲情

259　　欧阳钦生平简历

264　　人名索引

275　　后　记

第一章　追求真理　勤工俭学法兰西

◇欧阳钦父亲欧阳玉池

1. 少年时代

湖南省宁乡县位于三湘大地中部、洞庭湖南岸，这里山川秀美，地杰人灵，是一座历史悠久的文明古城。1900年8月27日(光绪二十六年)，欧阳钦出生于宁乡县邓家冲一户耕读人家。

欧阳钦的父亲欧阳玉池，务农之余，酷爱读书。母亲李氏天资聪慧，靠自学粗通文字。不幸的是，在欧阳钦刚满周岁时，年轻的母亲就撒手人寰。

　　幼年失恃的欧阳钦,幸得外祖母疼爱,将其抱回家中抚养教育。外祖父李裕生是乡间开明士绅,生活较富裕,因热心倡导资助建桥修路等公益事业,深受乡邻拥戴。为了寄托对亡女的思念,李裕生几乎把全部心血都倾注到欧阳钦的身上。7岁时,把他送入当地私塾读书,为他取字惟亮,暗含以蜀汉丞相诸葛亮为人生楷模之意,幼小的欧阳钦受到良好的文化教育。8岁时,父亲把他接回宁乡县,又亲自在家教他三年,继母杨氏待他很好。欧阳钦11岁时入高小学习。不幸的是,第二年父亲亡故。少年时代的欧阳钦在外祖父和父亲的教育下,一直保持优异的学习成绩。

◇湖南省宁乡县大屯营村村口。2012年6月,欧阳钦子女第一次回老家,与老家亲友合影。左起:刘无畏、欧阳晓光、肖碧莲、欧阳果成、欧阳一明、欧阳宁辉、黄功术、谭辉、李翠娥我在前清光绪年间（当时讲阴历）生於湖南宁乡之邓家冲，今年七十四岁了，一岁死母亲，长养在外祖李姓家，继母姓杨生存有二子，待我很好。我祖父死我还很小，不记了，父亲死也还不大，仅十一二岁，父亲死的年未在学校读书，仅在家看一些民族主义书籍，以前读过旧书，祖外家及父亲教，所以能看懂，父亲死後读初小一年，高小二年半即到长沙入中学了。在中学时一则上大学费多，二则长沙经常有军阀混战，挂日本旗就无事，我当时对这点很不满，是一民族主义者，把中国搞成国富兵强了就好了。

◇ 1974 年, 欧阳钦在病中写的简历

辛亥革命前后, 西风东渐, 新式教育冲击着陈腐的封建政体。1915 年, 欧阳钦考入长沙市的湖南省立长郡中学, 他的同学有任弼时、李富春、萧劲光、曾三、陈赓等。欧阳钦勤于思考, 逐渐对枯燥的孔孟经书和八股文章失去兴趣, 课余广泛阅读古今小说, 还读了梁启超的《饮冰室合集》和辛亥革命的一些文献, 使他萌生了对社会现状的不满。

环顾黑暗的中国社会现状, 他深为国家和民族的前途忧虑。然而, 倾心救国的青年欧阳钦, 尚没有找到救国的真正出路。

◇ 1917年长沙长郡中学外景

2. 赴法勤工俭学

民国初年,赴法勤工俭学成为青年学子的求学新潮流。湖南青年蔡和森、毛泽东也在为此奔走联络,闻讯后,欧阳钦欣喜不已。1918 年 7 月,在还有半年中学毕业之前,欧阳钦离开长郡中学,告别家人北上赴京。

欧阳钦进入高等法文专修馆工科班学习法语和工业技术知识。当时的北京是新文化、新思潮的孕育和传播地。在李大钊、陈独秀等人的影响下,追求进步的青年学生热衷于探求救国救民的道理。欧阳钦后来回忆说:"我看了北大出版的新思潮杂志等,思想起了大变化。"

1919 年 3 月中旬,欧阳钦由北京抵达上海。17 日上午 11 时,他和第一批赴法勤工俭学的同学们一起乘日本远洋轮船"因幡丸"离沪,5 月 10 日上午抵达法国巴黎,受到华法教育会的热情接待。

历届赴法勤工俭学学生一览表

批次	从上海启程日期			船　名	人数	抵法日期			抵达地点	知名人物
	年	月	日			年	月	日		
1	1919	3	17	因幡丸（日）	89	1919	5	10	巴黎	林蔚、欧阳钦
2	1919	3	31	贺茂丸（日）	28	1919	5	20	巴黎	周世昌
3	1919	4	13	伊豫丸（日）	2	1919	6	6	巴黎	
4	1919	7	13	三岛丸（日）	60	1919	9	2	巴黎	罗学瓒、齐连登、陈书乐、王书堂
5	1919	8	14	麦浪号（法）	78	1919	10	10	马赛	陈毅
6	1919	8	25	盎特莱蓬号（法）	54	1919	10		马赛	任光
7	1919	9	28	博尔多斯号（法）	19	1919	11	12	马赛	徐特立、熊信吾
8	1919	10	16	渥隆号（美）	48	1919	11	25	马赛	王若飞、李卓然
9	1919	10	31	宝勒茄号（法）	207	1919	12	7	马赛	李维汉、李富春
10	1919				2	1920	1	9	英伦	张昆弟、贺果
11	1919	11	22	勒苏斯号（英）	40	1920	1	23	巴黎	熊芷难、黄齐生
12	1919	12	9	斯劳克斯号（法）	158	1920	1	14	马赛	聂荣臻、颜昌颐、钟汝梅、饶来杰
13	1919	12	25	盎特莱蓬号（法）	92	1920	1	28	马赛	蔡和森、向警予、蔡畅、葛健豪
14	1920	2	15	博尔多斯号	53	1920	3	25	马赛	许德珩
15	1920	4	1	宝勒茄号（法）	5	1920	5	7	马赛	
16	1920	5	9	阿尔芒勃西号（法）	133	1920	6	15	马赛	赵世炎、肖三、陈绍休、熊锐、傅烈唐铎
17	1920	6	25	博尔多斯号（法）	217	1920	8	4	马赛	刘伯坚、陈公培
18	1920	9	11	盎特莱蓬号（法）	84	1920	10	25	马赛	邓小平、江泽民
19	1920	11	7	博尔多斯号（法）	197	1920	12	13	马赛	周恩来、傅钟、郭隆真、王守义
20	1920	11	24	高尔地埃号（法）	23	1920	12	27	马赛	刘洁扬、张申府
21	1920	12	15	智利号（法）	122	1921	1	20	马赛	何长工、穆青、李季达、肖朴生、程子健
合计人数						1711				

数据引自《中国留法勤工俭学运动图录》，上海人民出版社1997年版。

◇1919年3月15日，寰球中国学生会在上海静安寺路51号（该会所在地）欢送第一批赴法勤工俭学学生出发合影，右起后排：毛泽东（一）（由京来沪专程参加欢送）；前排：林蔚（六）；二排：吴玉章（六）、张继（九）；四排：欧阳钦（三）

◇1919年3月15日，上海《申报》刊登的赴法勤工俭学消息和名单

◇欧阳钦在法国

　　受第一次世界大战重创的法国，百业凋敝，正处于经济恢复时期，因此勤工俭学的学生处于"勤工困难、俭学不易"的境地，要找到条件较好的工厂做工是相当困难的。欧阳钦等湖南籍、四川籍同学共 50 余人，暂被分入蒙塔尔纪中学。在学习 3 个月法语之后，欧阳钦和赵昂、孙杰等人被介绍到李石曾主办的都尔中华印字局做排字工，兼做其他活计。8 小时工作之外，他都在学习或参加勤工俭学学生的各种进步活动。1920 年，他加入由蔡和森、李富春、李维汉、萧三等人组织的进步团体——工学世界社。

◇法国都尔中华印字局

　　思想活跃的欧阳钦阅读了大量的社会科学书籍，1920年4月，他在《旅欧周刊》第23、第24号上连续发表《社会改造观》一文，指出资本主义是一个"不好的社会"，有"很多错误，很多的罪恶"，必须"彻底的改革"。他向往一个"理想的社会"，"人类都受平等的教育"、"人人都来劳动"。这些观点说明欧阳钦对资本主义本质有了一定的认识和批判，他自己认为，"在法国初期我是民族主义、无政府主义、马克思主义交织在一起的爱国者"①。

　　1921年2月28日，在工学世界社的领导下，欧阳钦等400多名勤工俭学学生高呼争取"吃饭权、工作权、求学权"的口号，向中国驻法使馆请愿。提出用遣送勤工俭学学生回国的经费来暂时维持大家生活、无条件向中国勤工俭学学生开放里昂中法大学等要求。

① 欧阳钦：《我的平生》，1968年4月。

◇1920年12月27—31日，工学世界社在蒙塔尔纪开第一次年会，图为与会代表合影。左起前排：张昆弟（一）、欧阳钦（二）、郭春涛（三）、蔡和森（四）、娄绍莲（十）、汪泽巍（十一）、方圆（十二）、萧式（十三）；二排：侯昌国（一）、刘范祥（二）、萧振汉（三）、萧拔（四）、贺果（五）、李林（六）、娄绍丞（七）；三排：张增益（一）、袁子贞（二）、陈绍常（三）、李维汉（四）、薛世伦（五）、周玉书（六）、王人达（七）、罗学瓒（八）；后排：王祉（一）、孙发力（二）、汪泽楷（三）、颜昌颐（四）、李富春（五）、龙骢群（六）、成湘（七）、任理（八）、唐灵运（九）、傅烈（十）、傅昌钜（十一）、萧三（十二）

◇1921年7月23日，工学世界社在蒙塔尔纪开会，讨论加强团结和成立共产主义组织的问题，图为与会者合影。左起前排：林蔚（一）、郭春涛（二）、廖开（三）、尹宽（四）、沙博校长女儿（五）、沙博校长夫人（六）、沙博校长（七）、李立三（八）、袁子贞（九）、萧三（十）、余增生（十一）、郑延毅（十二）；二排：杨大昌（一）、梅筑培（二）、萧拔（三）、刘松生（四）、任理（五）、李林（六）、贺果（七）、刘明俨（八）、侯昌国（九）；三排：李富春（一）、许六鲜（二）、周玉书（三）、汪泽巍（四）、欧阳钦（五）、刘方岳（六）、陈常武（七）、薛世伦（八）、罗学瓒（九）、蔡和森（十）、龙骥群（十一）、傅昌钜（十二）；后排：娄绍莲（一）、欧阳灵泽（二）、张昆弟（三）、黄进（四）、颜昌颐（五）、汪泽楷（六）、李维汉（七）、娄绍丞（八）、萧振汉（九）、成湘（十）、唐灵运（十一）

　　中国驻法公使陈录召来法国警察殴打驱散请愿学生,同学们的伤痕和鲜血让欧阳钦看清了中国官员刁蛮无耻的嘴脸,他认识到自己原来的改造社会的善良愿望是行不通的。

　　同年9月6日,为了解决中国赴法勤工俭学全体学员的求学问题,勤工俭学学生在巴黎召开会议,成立了各地勤工俭学学生联合委员会,争取里昂中法大学无条件地向勤工俭学学生开放。这个要求遭到学校当局的拒绝,迫使勤工俭学学生联合委员会采取进占里昂中法大学的行动。勤工俭学生先后两批到达里昂,共125人,于9月21日进占中法大学校园。学生代表曾与中法大学校长吴稚晖磋商,吴拒绝解决勤工俭学学生入学的问题,并勾结法国警察,把100多名勤工俭学学生拘留在里昂兵营。10月14日,欧阳钦等少数人趁看守疏忽,侥幸逃出,而其余被拘禁的勤工俭学学生被法国当局强行武装押送上船,驱离法国,他们当中有蔡和森、李立三、陈毅等人。

◇里昂中法大学校门

由于欧阳钦思想激进,积极参加社会活动,并翻印了陈延年等人的革命文章;又由于他参加进占中法大学的斗争,护照被法国当局没收。1922年1月,都尔中华印字局把欧阳钦辞退。他不得不去乡间做杂工。数月后,他又设法回到里昂,在里昂中法大学勉强谋得一个旁听位置,学习近一年,后因经费不支,不得不中断学习。

1923年,欧阳钦到巴黎,先后进入雪铁龙(Citroen)、雷诺(Renault)及BRUNIE汽车工厂做磨床工,他勤奋钻研磨光技术,成为磨工专业水平甚高的技术工人。

经过两次较大规模的斗争和艰难生活的磨炼,投身大工厂的欧阳钦与法国产业工人朝夕相处,结下真挚的友谊,亲身体验到资产阶级的剥削和压迫,使他进一步认清了资本主义的腐朽和伪善。他在工学世界社阅读了马克思、列宁的著述和宣传苏俄无产阶级革命的书籍,思想发生了根本的转变。他摆脱了早期思想上所受的无政府主义影响,认识到"只有马克思主义,才能救中国"。

3. 加入中国共产党

进入低潮的留法勤工俭学运动促进了青年人进一步的觉醒,一批共产主义战士成长起来。1922年6月,周恩来、赵世炎等同志在巴黎成立了旅欧中国少年共产党。是年秋冬之际,中国共产党旅欧支部正式成立。1924年2月,由林蔚、张增益介绍,欧阳钦加入社会主义青年团,并担任了比映谷团支部的训练干事,同年5月转为中国共产党党员。从此,欧阳钦开始了他为共产主义事业奋斗的革命生涯。

1925年6月14日,欧阳钦与旅法华人一起,积极参加声援五卅运动的示威游行活动,遭到法国警察的镇压。7月初,法国当局勒令

◇欧阳钦的入党介绍人林蔚

欧阳钦等人限期离境,中共旅欧组织决定派欧阳钦去苏联学习。8月,欧阳钦和许多同志离开法国前往德国,转道去莫斯科。党组织派他到莫斯科郊外莫洛霍夫卡营地(即苏联红军学校中国班)学习,在这里,欧阳钦与朱德、王佩璜、唐兆铭等一批中共党员、共青团员相识,一起接受军事教育。主要学习军事侦查、巷战、爆破和军事理论等。欧阳钦还负责整理联络学,为迎接即将来临的大革命进行必要的军事准备。

分批赴苏人员一览表

日　　期	人　　员
1922 年	谢寿康、张伯简、萧三
1923 年 3 月 18 日	赵世炎、陈延年、陈乔年、王若飞、余利亚、高风、陈九鼎、王凌汉、郑超麟、袁庆云、王圭、熊雄
1923 年 11 月	刘伯坚、李慰农、袁子贞、汤儒贤、萧复之、马玉林、李鹤林、尹宽、汪泽楷
1924 年 9 月 22 日	聂荣臻、李林、熊味耕、范易、傅烈、穆青、王自言、李富春、郭隆真、蔡畅、饶来杰、陈家珍、彭树敏等 20 余人
1925 年 8 月	朱德、孙炳文、李大章、房师亮等
1925 年 10 月	施益生
1925 年冬	刘鼎
1925 年 12 月 4 日	王极知、许少灵、许祖雄、周文楷、敬克明、杨士彬
1925 年	林蔚、林修杰、欧阳钦
1926 年 1 月 7 日	傅钟、邓希贤(小平)、李俊哲、萧鸣、周介琏、戴坤忠、何嗣昌、傅纶、覃仲霖、陈家齐、傅汝霖、宋德明、滕功成、邓绍圣、汪泽巍、季苏、孙发力、傅继英、欧阳泰、岳少文
1926 年 8 月	刘明俨、胡大才、朱增祥、汪庭贤、徐树屏、宗真甫、乔丕成
1926 年 9 月	江泽民(克明)、谢泽源、方至刚、胡大智、杨品荪、覃远猷、汤振坤、海荆洲
1927 年	陈微明(沙可夫)、柳溥青等人

数据引自《中国留法勤工俭学运动图录》,上海人民出版社 1997 年版。

第二章 转战汉沪 出生入死播火种

1. 在大革命的洪流中

为了支援北伐战争,中共中央决定从苏联抽调一批军事政治干部回国。1926年5月18日,欧阳钦与朱德、章伯钧等离开莫斯科,经西伯利亚到达海参崴。7月,欧阳钦与朱德等同志回到上海,随后他被中共中央派往广东国民政府叶挺独立团任见习排长。[①]

7月9日,国民革命军十万人誓师北伐。共产党人叶挺领导的、以共产党员为骨干组成的第四军独立团是北伐先锋。欧阳钦在浏阳加入队伍,独立团克平江、下岳阳,高歌猛进,势如破竹。军旅中的欧阳钦身先士卒,不避艰险,英勇杀敌,经受了战火的考验。进入湖北后,军阀吴佩孚企图凭借汀泗桥、贺胜桥的险要地势阻止北伐军的进

◇大革命时代的叶挺

---

① 《朱德年谱》,中央文献出版社2006年版,第69页。

攻。浴血奋战的北伐军终于在 8 月下旬攻下汀泗桥、咸宁和贺胜桥,击溃吴佩孚主力。

9 月,在北伐军兵临武昌城下,即将破城的前夕,欧阳钦奉调去聂荣臻主持的中共湖北省军委任秘书,同时兼任中共湖北省委负责人张国焘的秘书,离开了他挚爱的"铁军"部队。他的公开身份是汉口《民国日报》编辑,为了工作需要,经组织批准,他加入了国民党。

◇ 1926 年 10 月,武汉群众欢迎北伐国民革命军

正当北伐军直捣武汉三镇时,四川军阀杨森率军侧击武汉,对北伐军造成严重威胁。1926 年 10 月下旬,川中名将刘伯承奉命以国民党中央党部特派员名义,全面负责四川军事运动。他向中共中央汇报,请求派人加强共产党在四川的力量,以支援即将发动的武装暴动。中共中央对四川军事更加重视,决定派欧阳钦去四川协助工作。①

1926 年 11 月上旬,欧阳钦与刘伯承到达万县。在原宝隆洋行朱德办公处开秘密会议,分析万县和全川军事形势。朱德认为杨森禀性奸诈,直到北伐军占领武汉,迈出武胜关,才表面上归顺革命。

次日,欧阳钦以朱德随员身份参加了杨森召开的会议。杨森没有一点

---

① 《刘伯承传》,当代中国出版社2007年版,第29页。

◇大革命时代的蔡纫湘

合作的诚意。事实证明,用较为和平的方式建立革命武装的设想是实现不了的。朱德、刘伯承、欧阳钦一起讨论了利用川军矛盾,组织泸州顺庆起义的计划。之后,欧阳钦迅速返回武汉汇报,使中共中央及时掌握了杨森部队的动向。

在武汉工作时期,欧阳钦认识了武昌女子师范学校学生蔡纫湘。蔡纫湘父亲蔡忏吾早年留学日本学习经济,参加过同盟会,是一位倾向革命的开明人士。出身书香门第的蔡纫湘,端庄秀美,娴雅文静,在大革命洪流中与欧阳钦相识、恋爱。1927年,他们结婚了,一起迎接时代的风雨雷电。

2. 血雨腥风的岁月

1927年4月12日,蒋介石在上海发动了反革命政变,对共产党员和革命群众展开大屠杀。5月21日,许克祥部在长沙发动武装叛乱。在大革命面临失败的紧急关头,周恩来秘密从上海到达武汉,并挑选聂荣臻、欧阳钦、王一飞、颜昌颐等同志作为助手,对军队进行组织、联络和政治工作。欧阳钦出任中央军委组织科长,并作为工作人员列席了中共第五次全国代表大会。[①]

1927年7月15日,汪精卫在武汉发动反革命政变,第一次国内革命战争失败了。那是一个血雨腥风的年月,国民党反动派到处抓捕、屠杀共产党人,党内的意志薄弱者,大量脱党叛变。1927年4月后,六万多共产党员,只剩一万多。根据党的决定,欧阳钦和蔡纫湘立即转入秘密的地下工作状态。八七会议后,中共中央领导机关由武汉转移到上海。欧阳钦奉命留在武汉,

---

① 《周恩来年谱》,中央文献出版社、人民出版社1989年版,第114页。

在罗亦农主持下的中共长江局任秘书，继续完成秘密转移同志的任务，并妥善处理了一部分被捕和牺牲同志的善后事宜。他冒着生命危险，夜以继日地寻找失掉组织联系的同志，帮助他们与组织接上关系，还帮助暴露身份的同志脱离险境。

1927 年 11 月，欧阳钦偕蔡纫湘秘密前往上海，在周恩来主持的中共中央组织部任科长，后来又担任中央军委组织科科长。

1928—1929 年中共中央军事部成员[1]

部长：杨殷；

委员：杨殷、周恩来、项英、彭湃、关向应、颜昌颐、曾中生；

参谋科：科长 曾中生；

组织科：科长 欧阳钦；

特务科：科长 陈赓；

兵士科：科长 邢士贞；

交通科：科长 吴德峰；

秘书处：秘书 鲁易（兼）、白鑫

1928 年初，中共中央政治局决定在莫斯科召开第六次全国代表大会。中央派欧阳钦和资道焜[2]负责六大全体参会人员由上海到哈尔滨一路上的迎送工作，在白色恐怖中要确保党的领导人和所有参会同志一路平安，欧阳钦双肩承担万钧重担。由于他慎思细虑，布置周密，使全体代表都安全抵达莫斯科。

六大后，为应对白色恐怖下的险恶形势，欧阳钦和蔡纫湘夫妇俩开了一个咖啡馆作为掩护。这个咖啡馆成为中央军事部的一个秘密联络点。各方

---

[1]　引自军事科学院军事图书馆编著：《中国人民解放军组织沿革和各级领导成员名录》，军事科学出版社1990年版。

[2]　李维汉：《回忆新民学会》。资道焜为中共旅德支部柏林小组成员，后牺牲。

面的同志看文件,找领导同志谈工作,都要到咖啡馆联络接头。欧阳钦夫妇俩还担负中央的秘密交通工作,冒着危险传递信息和文件。

欧阳钦的几任上级领导,如罗亦农、杨殷等人都是由于叛徒出卖先后被捕,英勇牺牲。后来党的重要领导人顾顺章、向忠发的叛变,几乎使党遭受灭顶之灾。在极端危险、随时会牺牲的情势下,欧阳钦没有丝毫动摇,为了做好党的组织工作,他以惊人的脑力,记住许多同志经常变化的姓名和住址。他时常带着一把雨伞,在一个小袋里放点零钱,到码头、车站、小旅馆去寻找同志。他严格遵守秘密工作的原则,把上级党的关怀和对战友的情谊传达给患难中的同志。在这期间,许多同志经过他的联络,按着党中央的安排,奔赴各自不同的战斗岗位。

1928年10月,大病初愈的罗瑞卿辗转来到上海,心急如焚要找到党组织。一天,他按约定到黄浦滩接头,看到一位清瘦白皙、中等身材的青年,手里拿着一份《申报》,这是约定的接头暗号,经过简单的询问,联络员对他说,你的关系已恢复,以后一位姓陈的交通会与你联系。几经周折,罗瑞卿进入闽西苏区,他始终不忘那个联络员,后来才知道联络员就是欧阳钦。[1]

◇罗瑞卿

1928年春,因湖北省委遭到破坏,与组织失去联系又被国民党通缉的郭述申,到上海寻找党的组织。代表党中央机关和他取得联系的就是欧阳钦。1930年春,郭述申到上海向党中央汇报鄂豫皖三省红军发展情况,安排郭向周恩来汇报工作的还是欧阳钦。由于秘密工作的纪律约束,郭述申怀着依恋的心情和这位不苟言笑、严肃认真的湖南同志告别。直到1935年郭述申随红二十五军到达陕北,再度见到欧阳钦时才知道他的

---

[1]　罗箭编著:《罗瑞卿画传》,中共党史出版社2006年版,第19页。

真实姓名。

1930年，在红十四军工作的张爱萍在一次战斗中左手腕被打断，江苏省委秘密送他到上海治伤。伤愈后，军委派欧阳钦与他联络。通过三次接触，欧阳钦的老成持重、热忱真诚，给张爱萍留下深刻印象。直到1932年秋，在江西瑞金红军学校再度重逢，张爱萍才知道眼前这位和善的红军学校政治部主任欧阳钦，便是当年任军委组织科长的军委联络员。张爱萍在回忆这段历史时深情地写道："几十年来，欧阳钦同志待人真诚、为人谦和、做人正直的性格没有变，对同志极端热情、对工作极端负责的精神没有变。"[①]

欧阳钦就是这样秘密联络输送了不计其数的同志。他靠敏锐的眼光、长期积累的丰富经验，机警果断地处理了许多棘手的事情，出色地完成了党交给的任务。

在上海期间，欧阳钦和蔡纫湘的儿子和女儿相继出生，他们那时工作极度繁忙，随时可能发生险情，需要转移，也可能被捕牺牲。为了工作，为了孩子，他们依依不舍地把儿子送到武汉外公外婆处抚养，把女儿托付给上海一户普通市民人家抚养。

---

① 张爱萍：《真诚永存》，《回忆欧阳钦》，中共党史出版社1992年版，第6页。

第三章　苏区四年　血染征衣万里路

1. 在瑞金红色根据地

　　1931 年初, 欧阳钦告别妻子蔡纫湘, 离开上海, 乘船到达香港, 在与两广省委书记李富春见面的时候, 传达了中央要李回中央工作的决定。之后欧阳钦经过汕头 — 长汀秘密交通线到达闽西苏区虎岗。4 月 4 日, 以任弼时为首的赴苏区调查 "富田事变" 的中央代表团到达虎岗, 欧阳钦与中央代表团一起北行, 经过长汀四都坪, 到达江西瑞金。[①]

　　欧阳钦担任了苏区中央局秘书长, 参加了第二、第三次反 "围剿" 的红军高层战役部署研究, 亲身体会到毛泽东战略方针的正确。

　　7 月下旬, 中共苏区中央局派欧阳钦去上海汇报。7 月 20 日, 他离开瑞金中央苏区返回上海。8 月 30 日, 欧阳钦向中共中央领导全面汇报了中央苏区的情况, 并在 9 月 3 日提交了《中央苏维埃区域报告》。他在向周恩来汇报时, 热情地赞扬了中央苏区人民的革命斗争精神和功绩, 称颂了红军第一、第二次反 "围剿" 战斗的胜利, 汇报了毛泽东在一系列问题上的正确意见。中共中央对他的

---

① 《任弼时年谱》, 中央文献出版社 2014 年版, 第166页。

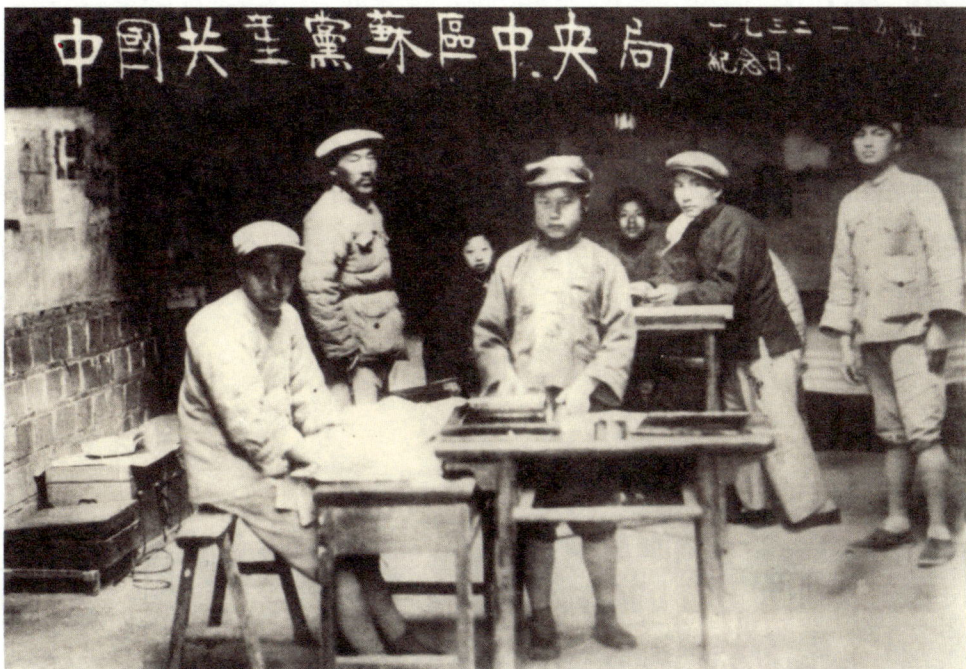

◇ 1932 年 1 月列宁纪念日，苏区中央局工作人员留影（左二为何叔衡，右二为欧阳钦）

中央苏维埃区域报告

目　录

1. 中央苏区一般情形及党的路线的转变。
2. 一次二次战争的胜利及三次战争问题。
3. 红军的现状。
4. 苏维埃政权问题。
5. 土地革命问题。
6. 苏区的经济政策问题。
7. 苏区的群众组织。
8. 地方武装问题。
9. 肃反工作与富田事变问题。
10. 地方党的组织现状。

◇ 1931 年 9 月 3 日，欧阳钦写给中央的《中央苏维埃区域报告》

汇报和苏区的工作给予肯定。周恩来代表中央在给苏区中央局并红军总前委诸同志的指示信中说："根据 ×× 同志来此的报告，中央很欣喜的知道最近八个月来中央苏区党所领导的红军与群众的艰苦奋斗情形。"同时也批评了反"AB 团"简单化和扩大化。[1]

红军在第二次反"围剿"中缴获了一台 100W 的电台，欧阳钦把这一消息带回中央，在他的参与下，中共中央第一次与中央苏区实现了无线电通讯联络。[2]

10 月，欧阳钦和蔡纫湘历尽艰险从上海进入瑞金，带回中央给苏区中央

---

① 《周恩来年谱》，中央文献出版社、人民出版社1989年版，第211页。
② 刘寅传：《中共党史人物》第57卷，中央文献出版社2015年版。

局并红军总前委诸同志的指示信。他继续任中央局秘书长,先后在毛泽东、任弼时、朱德等领导同志身边工作了近一年时间。

1932年春,欧阳钦奉调瑞金红军学校,任总支书记兼保卫局特派员,不久任政治部主任。他满腔热情办校,经常在校刊《红色战士》上发表文章,给红军学校的学员和部队战士作报告,分析形势,传授知识,受到学员和战士们的信任和爱戴。

◇瑞金红军学校旧址

◇中央苏区第一方面军红三军团军团长彭德怀

1933年冬,欧阳钦奉调到红一方面军政治部任组织部部长,后改任红三军团政治部组织部部长。1934年春,广昌保卫战后,出任红三军团第六师政治部主任。时值第五次反"围剿"战斗后期,红军陷入几十万敌军重重包围,形势异常危急,为了迟滞国民党军队向中央革命根据地中心地域的进犯,保障中央机关和红军主力部队的安全集结与转移,中央革命军事委员会主席朱德命令彭德怀(军团长)、杨尚昆(政治委员)率领红三军团在石城北部设防阻敌。在战斗准备中,欧阳钦努力做好干部战士的思想工作,保持战斗意志,同时负责指挥赤卫队员构筑工事,带政工干部到地方政府组织群众制造竹筒子地雷。

1934年9月28日,石城防御战打响。这次战斗从准备到红军主力完全撤离石城,历时40余天,为中央机关和主力红军完全集结与转移赢得了宝贵的时间。

2. 血染长征路

欧阳钦随红三军团走上长征路,妻子蔡纫湘则被留在中央苏区。1934年11月中旬,中央红军突破了国民党军的三道封锁线,继续向湘桂边境疾行。蒋介石则企图将中央红军消灭于湘江以东。在惨烈的湘江战役中,红三军团六师的任务是在湘江东岸,掩护"红星纵队"①通过湘江。

政治部主任欧阳钦管理经费,他和彭德怀商量以后把红三军团的全都经费都拨给工兵营王耀南,并亲自监督经费使用。工兵营购买船只以后,欧阳钦指挥部队用军团首长和机关的马拉纤绳拖回渡船,保证了中央机关渡过湘江。湘江战役中,红六师损失惨重,其中红十八团全军覆没,十六、十七团损失也很大,全师后来缩编为一个独立团。

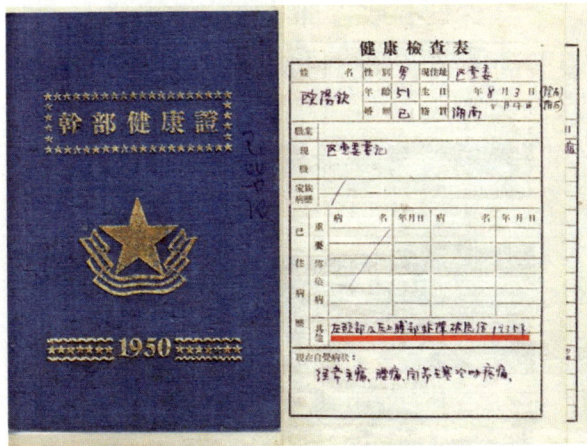

◇1950年欧阳钦的干部健康证(左颈部及左上膊炸弹破片伤1935年)

1935年1月15日至17日,中共中央在遵义召开了政治局扩大会议,调整了中央领导,肯定了毛泽东的军事战略主张。红三军团六师驻在尚稽镇担负遵义会议的警戒任务。欧阳钦聆听了毛泽东对遵义会议精神的传达,坚定了胜利信心。

遵义会议之后,红军摆脱了敌人的围追堵截,进入云南。

---

① 即中央纵队(第二纵队)和军委纵队(第一纵队)——当时为了保密,以"红星纵队"为代号。

4月底,在沾益县白水镇地区,遭遇敌机连续轰炸,红三军团伤亡300多人。军团组织部长欧阳钦中弹,多处受伤,鲜血涌出,几度昏厥,幸亏抢救及时。军团长彭德怀命令战士用担架抬上欧阳钦和同时负重伤的宣传部部长刘志坚,使负重伤的重要干部能继续长征。山高水恶,追兵紧迫,没有后方,没有补给,红军部队疲惫不堪,艰险的战争环境下无法动手术,欧阳钦颈上的弹片一直没有取出来,伴随他终生。

红军强渡大渡河,飞夺泸定桥,翻过夹金山,到达懋功后,与红四方面军会师。不料张国焘大闹独立性,毛泽东、周恩来不得不带领部分红军先行踏上北上的道路。北上红军改编为中国工农红军陕甘支队,彭德怀为司令员,毛泽东为政治委员,伤愈后的欧阳钦任陕甘支队第二纵队供给部政治委员。尽管欧阳钦的健康每况愈下,但他仍然顽强地坚持工作,千方百计克服困难,为保证和改善部队供应做出努力。

◇长征途中,唐天际送给欧阳钦的一条毛毯

翻雪山过草地是长征途中最艰苦的一关。晚年欧阳钦回忆说:"雪山海拔高、空气稀薄,能过去全靠那时年轻体壮,吸一口气,慢慢走。草地的水草地外面结壳,里面为水,一不留神就会陷下去。无人烟,无鸟兽,无饭吃,靠吃带的干粮及草根树皮,这造成大批减员,真正作战减人很少,饿死冻死的就多了,我们只走五天多,有的走十几天的。"

◇长征途中红军经过的草地

1935年9月17日,陕甘支队到达岷山脚下的腊子口。激战之后,红军歼灭守军,打通了北上的重要隘口。

10月19日,历尽千辛万苦的红军将士终于到达陕北吴起镇。彭德怀指挥吴起镇战役,击溃敌军四个骑兵团。11月,直罗镇战役胜利之后,苏区中央局改称西北中央局,负责领导全国苏区党的工作。欧阳钦调中央局,初任秘书长,后任组织部科长。为了适应党中央把大本营放到西北的新局面,他在党的组织建设和党的干部调配方面做了大量工作。

第四章　陕甘工委　全力争取东北军

1. 争取东北军抗日救国

在全国抗日民主运动日益高涨的形势下,1935 年 12 月 17 日至 25 日,中国共产党在陕北瓦窑堡召开了政治局扩大会议,即瓦窑堡会议。会议分析了华北事变后国内阶级关系的新变化,讨论了抗日民族统一战线、国防政府和抗日联军等问题,批判了党内长期存在的"左"倾关门主义,制定了抗日民族统一战线的策略方针。中央局秘书长欧阳钦参加了瓦窑堡会议,担任记录。

瓦窑堡会议之后,欧阳钦调任陕甘省委组织部部长。

◇瓦窑堡会议旧址

翌年 2 月，红军主力东征抗日，国民党军趁机占领陕甘南部地区。5 月，陕甘省委撤销，为了坚持游击区和半游击区的斗争，成立了陕甘工委，欧阳钦改任陕甘工委主席，并兼东北军工作委员会委员。为了实现"逼蒋抗日"，中共中央对国民党爱国将领张学良、杨虎城所部东北军和西北军加强统战工作，陕甘工委的主要任务是做驻防在陕甘一带的东北军的工作。

为了争取东北军，欧阳钦派出与东北军上层军官以及下级班排长有亲属、同学、朋友关系的十几位同志，以会亲访友为名，晓以民族大义及团结抗日救国的道理，宣传中共的抗日主张，同时也做西北军的统战工作。1936 年 11 月 10 日，中共游击支队与国民党第三十八军驻防富县的王劲哉旅某营在油坊原发生了流血冲突，欧阳钦派申力生和孙作宾两同志一道进县城与王劲哉谈判、磋商，使王旅长认识到"双方互打是朋友打朋友，双方实力受到损失，抗日国防力量也受到影响"，双方决定各自后撤 15—20 华里，留出缓冲地区，杜绝再次发生磨擦冲突；互通情报，友谊往来，有事协商解决。①

对于那些坚持与苏区和红军为敌，不断骚扰和挑衅的国民党顽固派部队，欧阳钦则指示采取武装争取的方式，对捉到的俘虏，经过教育再放回去，以达到分化瓦解的目的。工委办了小型印刷厂，印刷标语、传单，欧阳钦经常亲自撰稿，拟定标语口号。他主持编写的小册子《打回老家去》，对东北军下层士兵颇有影响。经过工作，东北军对共产党以民族大义为重，不计较个人恩怨的宽大胸怀深表折服。在红军驻肤施、顾丕、甘洛等地办事处，经常有东北军往来。有的部队经常将蒋介石对红军作战命令通告红军，作战时向空中放枪。

欧阳钦经常深入实地，到陕甘工委所属地区检查对东北军的统战工作及各地党组织的发展建设情况。他多次召开会议，分析形势，总结经验，制定党的组织发展与党的工作计划，并亲自与东北军中的党员谈话，布置在东北军中秘密发展中共党员，在有条件的部队中建立中共组织。在欧阳钦的

① 孙作宾：《欧阳钦同志在陕西二三事》，《回忆欧阳钦》，中共党史出版社1992年版，第42页。

耐心指导下,在东北军的一些部队中发展了一批党员,建立了若干党支部。欧阳钦把争取上层与争取下层相结合,把党的统战工作与党的组织发展工作相结合,使党的统战工作在东北军中产生了积极效果。

在此期间,欧阳钦对于工委面临的政治军事形势、党的策略方针、工委工作的情况、问题及经验教训等,经常向中共东线工委和中共陕北省委报告。对东北军的统战情况,他还多次,有时甚至两三天一次,以工委或个人名义给周恩来、叶剑英写信请示汇报,及时地得到了中央领导同志和上级机关的指示和鼓励。周恩来曾写信给欧阳钦并转陕甘工委,表示中央嘉奖陕甘工委的工作及所取得的成绩。①

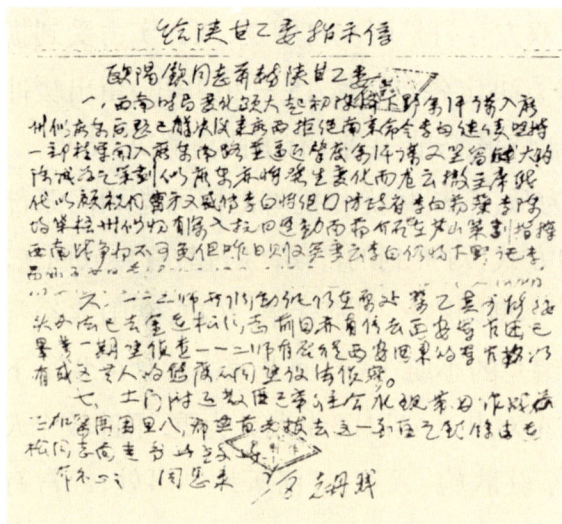

◇1936年8月2日,周恩来写给欧阳钦及陕甘工委的指示信

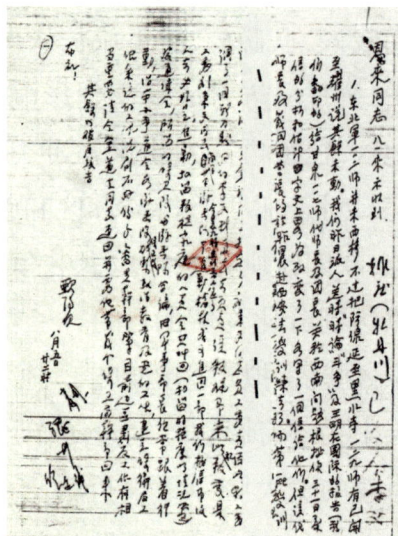

◇1936年8月5日,欧阳钦写给周恩来的信

2. 西安事变

1936年12月12日凌晨,张学良和杨虎城发动兵谏,扣留了蒋介石,震惊中外的西安事变发生。正在保安的欧阳钦奉命改变原定去做西北军工作的计划,速去中央参加会议。12月13日,中共中央召开政治局扩大会议,讨

---

① 《周恩来给欧阳钦并转陕甘工委信》(1936年8月1日),存中央档案馆。

论对西安事变的估计与对策。据会议记录,参加这次会议的人员是:朱(德)、国(焘)、泽(东)、(恩)来、博(古)、洛(甫)、(林)彪、(冯)文彬、(郭)洪涛、(吴)亮平、(林)伯渠、欧阳钦,共12位。15日早晨,周恩来率秦邦宪、叶剑英、罗瑞卿、李克农、贾拓夫、杜理卿、伍修权、边章伍、陈友才、许建国、张子华、童小鹏、欧阳钦、曾三、宋玉和、吴自立等一行18人,由保安启程,冒着纷飞的大雪,快马奔肤施。

在周恩来副主席为首的中央代表团乘张学良将军派来的飞机先期出发之后,欧阳钦随后也抵西安,参加周恩来西安事变的解决工作。

12月25日,秦邦宪代表中央宣布重建陕西省委,任命贾拓夫为省委书记,欧阳钦为省委常委、西北军工作委员会书记,重点负责对西北军的统战工作和西北军中党的工作。省委机关设在西安二府李焕卿家。由于秘密工作需要,欧阳钦改名为杨清,这个名字一直用到1948年8月到旅大时。

三年前陕西省委主要领导杜衡被捕叛变后,省委机关和关中、陕南各县党团组织遭到灭顶之灾,许多党员与组织失掉了联系。因此,恢复全省各地党的组织是新陕西省委的最紧迫的任务。据孙作宾回忆:欧阳钦派他到西安

◇1936年12月重建陕西省委的主要领导人——贾拓夫

师范与西安地区学生运动负责人董学源取得联系,转交省委关于宣传和平解决西安事变,一致抗日的文件材料,之后,派董学源前往甘肃接收秘密发展的党员。欧阳钦指示,无论如何"一定要把这些人尽快找到"。在陕西党组织的努力下,终于使那些失去组织关系的同志重回党的怀抱。在很短的时间里,陕西省中共组织迅速恢复和发展壮大,西北军中的秘密党员很快达千人以上。

◇ 1956 年 12 月，周恩来总理参加中共中央统战部召开的纪念"西安事变"20 周年座谈会，会后合影。（参会者：李维汉、习仲勋、车向忱、陈赓、陈其尤、韩光、黄欧东、贾拓夫、金城、孔从洲、李范五、李克农、廖承志、林枫、刘鼎、刘多泉、刘澜波、刘培植、龙云、罗瑞卿、马叙伦、马寅初、欧阳钦、彭光涵、萨空了、沙志诚、申伯纯、史纪德、孙蔚如、童小鹏、汪锋、王锡珍、王育平、王致中、吴德峰、许涤新、杨明轩、于毅夫、张瑞麟、张奚若、张学铭、赵寿山、朱凤熙、庄西侯、曾三、曾淳）后第二排左四为欧阳钦

3. 夫妻团圆

中央红军从瑞金出发长征时,蔡纫湘被留在苏区。一个月后,瑞金苏区陷入敌手,留在苏区的中共领导干部化整为零,分散突围。蔡纫湘有丰富的秘密工作经验,她接受了一个重大任务:护送和掩护瞿秋白、何叔衡等中央领导人通过敌占区。但是,在通过敌人哨卡时,正患肺结核的瞿秋白因为身上携带盘尼西林,被敌人扣下审讯。蔡纫湘机智地与敌人周旋,帮助瞿、何安全过关脱险,但她自己却被当作共产党嫌疑犯关进了监狱。

自1935年初至1937年夏,蔡纫湘在上海坐牢两年半。直到1937年国共第二次合作,抗日民族统一战线建立之后,她才出狱。

不久,蔡纫湘辗转来到西安,与欧阳钦团聚,参加中共陕西省委工作。由于蔡纫湘的身体在狱中受到严重损伤,1938年10月的一天傍晚,雷电暴雨交加,引起蔡纫湘突发脑溢血,昏倒在地,等欧阳钦回到家时,急找医生抢救,终未能挽回她的生命。在血雨腥风中出生入死十年,出狱重逢仅仅一年的夫妻就突然间阴阳两隔,令欧阳钦痛苦万分。蔡纫湘去世后安葬在西安,全国解放后被追认为烈士,安葬在西安烈士陵园。①

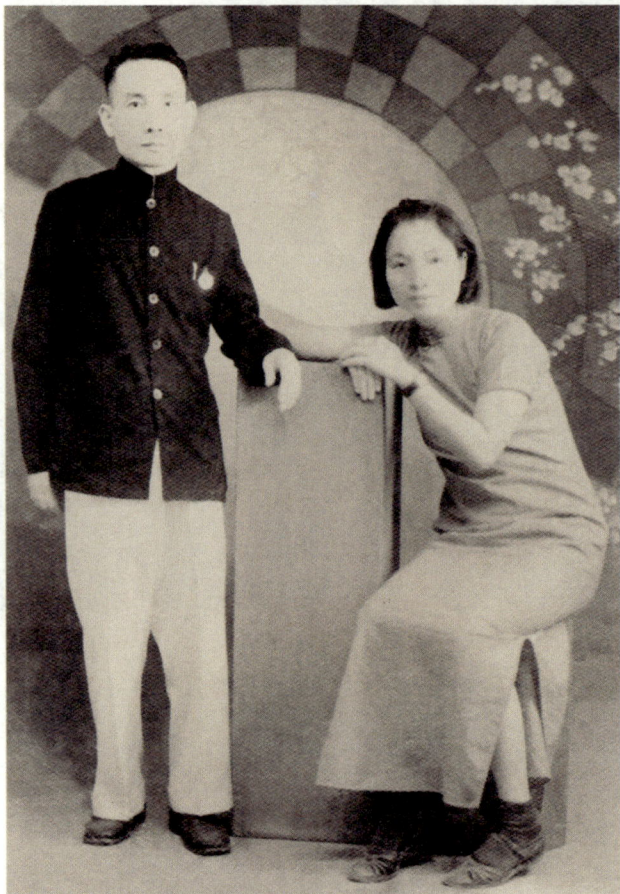

◇欧阳钦与蔡纫湘在西安合影

① 白茜:《深切怀念我的"表哥"》,《回忆欧阳钦》,中共党史出版社1992年版,第89页。

◇1937年8月，洛川会议前合影。左起：任弼时、刘伯承、陈琮英、张浩、汪荣华、蔡纫湘

◇1938年10月，《西北》周刊发表的悼念蔡纫湘的文章

第五章　全面抗战　陕西省委掌舵人

1. 全力开展西北军的统战工作

　　1937 年 7 月 25 日,中共中央在陕北洛川召开了政治局扩大会议,会议分析了当时的形势和国民党片面抗战的危险,指出党的中心任务是"动员一切力量,争取抗战胜利"。中共陕西省委积极贯彻中央方针,发表了"拥护国共合作,立刻建立抗日民族统一战线,驱逐日寇出中国"的宣言。全省各地党组织加紧进行抗日宣传和组织工作,开展抗日民族统一战线运动。

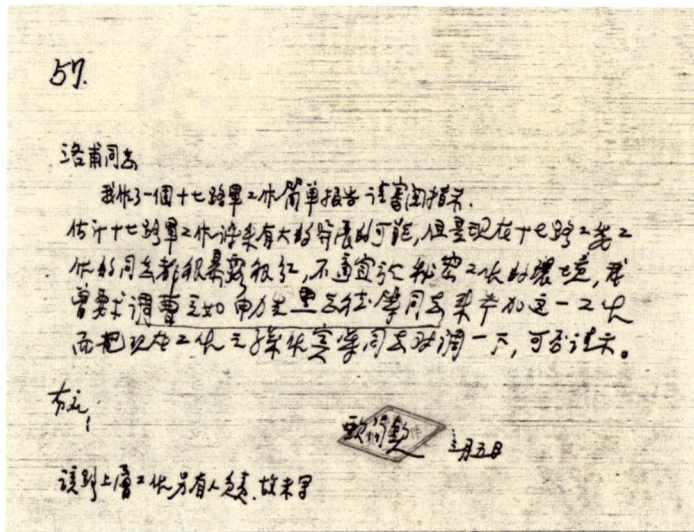

◇欧阳钦就西北军工作写给洛甫的信

◇西北军三十八军军长赵寿山

◇西北军三十八军旅长孔从洲

作为省委军委书记，欧阳钦进一步加强对西北军地下党工作的具体指导。他指示在西北军一七七师做地下党工作的吕剑人，加紧做好部队和驻地群众的教育和组织工作，准备应对日军渡河后将出现的严峻形势。在欧阳钦的领导下，省委在合阳、韩城、大荔、朝邑等县大力发展党的组织，加强军队中的统战工作，从友军中抽派党员和进步分子到地方上组织人民自卫队，利用暑假在学生中开办训练班的方式进行政治军事训练，组织妇女联合会，掀起抗日宣传热潮。

在陕西省委领导下，一批党员干部在十七路军中积极开展党的抗日民族统一战线与党的建设工作。经过艰苦的工作，三十八军的赵寿山军长、孔从洲旅长等大批官兵成为党的忠诚朋友和坚强战士。

2. 创办《西北》周刊

1937 年底，中共陕西省委为了巩固和扩大抗日民族统一战线，决定出版《西北》周刊。时任省委宣传部部长的欧阳钦，负责主管《西北》周刊的编辑出版工作。在国民党统治区出版这样一份刊物，加之经费少、编辑人员缺、印刷条件差，有很多困难。欧阳钦对此作了巧妙的安排，由在社会上有一定知名度的作家李初梨和曾在高校任教的徐彬如作为《西北》的"编辑人"、"发

◇ 欧阳钦（杨清）为《西北》撰写的文章

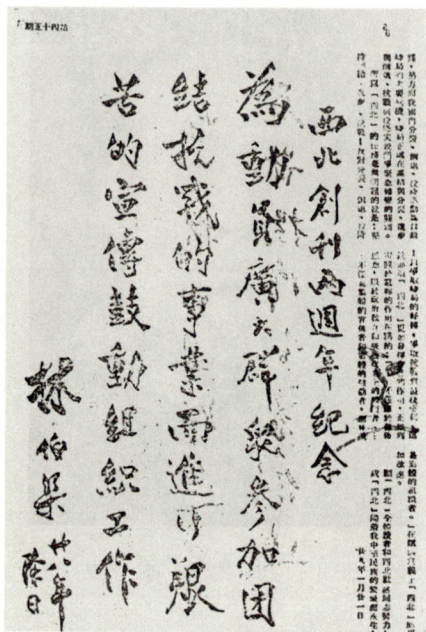

◇ 1940 年，林伯渠为《西北》创刊两周年题词

行人"，向国民党陕西省党部申请了登记证，这就使《西北》获得了公开出版的合法地位。《西北》周刊于 1938 年 1 月 21 日正式出版发行。

欧阳钦亲自为《西北》撰稿，并做编辑工作，他以杨清为笔名发表的社论和文章有 27 篇之多。这些文章科学地分析了在日本帝国主义进攻面前陕西与西北的严重形势，批判了侥幸偷安的思想，从陕西与西北的实际出发，分析取得战争胜利的主、客观条件，深入地阐述了中国共产党关于全面动员，武装民众，以游击战为主，不放松有利条件下的运动战的军事原则，宣传解释了中共的有关政治主张和改善人民生活等经济工作方针。《西北》以它鲜明的旗帜，犀利的笔锋，成为西北地区宣传抗日救亡的重要阵地。

在欧阳钦等同志的努力下，《西北》的发行数量由初期的 2000 份，增加到 6000 份。

在《西北》创刊两周年的时候，毛泽东为它题词"要把西北的事办好，人民必须有言论自由"。

欧阳钦以杨清为笔名在《西北》上发表的文章目录

序号	文章标题	期数	日期
1	加强抗日力量的团结保卫陕西	1	民国二十七年一月二十一日
2	关于教育界的问题	2	民国二十七年二月六日
3	关于国际反侵略问题	3	民国二十七年二月十五日
4	紧急动员起来保卫陕西	5	民国二十七年三月十日
5	保卫陕西的几个紧急问题	5	民国二十七年三月十日
6	保卫陕西与军事战略战术问题	6	民国二十七年三月二十日
7	克服两种有害的心理	7	民国二十七年三月三十日
8	坚持保障山西的战局	7	民国二十七年三月三十日
9	庆祝台儿庄伟大的胜利	9	民国二十七年四月十五日
10	战斗的五月到来了	11	民国二十七年四月二十七日
11	取消一切派别小组织与执行抗战救国纲领	12	民国二十七年五月四日
12	保卫徐州陇海的津浦战局	14	民国二十七年五月十八日
13	徐州失陷与坚持抗战到最后胜利	15	民国二十七年六月
14	我们的意见	17	民国二十七年六月二十二日
15	中共陕西省委负责人＊＊先生关于当前陕西"救亡运动"一些问题的谈话	18	民国二十七年六月
16	"七一"纪念的感悟	19	民国二十七年七月
17	陕西教育界的团结问题	24	民国二十七年七月
18	坚持继续抗战的最后胜利	28	民国二十七年十一月二日
19	中共陕西省委第二次扩大会议关于中共扩大的六中全会决议的决定	29、30	民国二十七年十二月十五日
20	复刊词	31、32	民国二十八年七月一日
21	关于学习问题(六月二十日在马列主义研究社大会报告提纲)	33	民国二十八年七月十六日
22	在战斗的"八一"面前	34	民国二十八年八月一日
23	关于目前战略形势问题	35	民国二十八年八月十六日
24	从实施宪政说到抗战中的民主问题	41	民国二十八年十一月十六日
25	从目前陕西群众生活状况说到抗战中的民生问题	42	民国二十八年十二月一日
26	本刊两周年献词	43	民国二十八年十二月十二日
27	回忆与感想(为《西北》周刊创刊两周年纪念而作)	45	民国二十九年二月五日

1939年经欧阳钦和赵伯平倡导,省委决定成立业余剧团。欧阳钦给剧团定名为七月剧团(后改名为西北剧团)。这个剧团既演人民喜闻乐见的秦腔,又演话剧、舞蹈、歌咏,还搞黑板报、漫画等多种艺术形式的宣传,以后,这个剧团变为专业剧团。欧阳钦经常过问剧团工作,从演出内容、形式、体裁、效果到演员生活问题都关怀备至。剧团努力宣传中共中央、八路军的抗日革命思想,活跃省委机关和关中分区军民的文化生活。

1940年秋,剧团调往延安学习演出。行前欧阳钦勉励同志们保持以往的优良作风,要讲"三化",即军事化、政治化和艺术化。要不怕牺牲,奋勇斗争,准备迎接新中国的黎明。西北剧团为党培养了一批革命文化人才。

3. 与黄葳重组家庭

1938年冬,一位知识女性走进欧阳钦的生活,她叫黄葳。

◇ 1936年8月,黄葳清华大学毕业照

黄葳原名戴中宸,1915年2月出生在江苏嘉定县的一户书香人家。她自幼聪慧,好学上进,1932年考入清华大学物理系读书,同班同学里有后来成为著名科学家的钱三强、何泽慧、王大珩及于光远等人。1935年12月,在北平爆发了一二·九爱国学生运动,时任物理系学生会代表的黄葳积极参加运动,担任交通纠察队员。她一直站在斗争的前列,成为民先队的骨干。1936年夏,从清华大学毕业后,黄葳留校当助教,10月8日由同学蒋宪端介绍加入中国共产党。

1938年1月,黄葳遵照党组织安排到武汉中共中央长江局,参加秘密党员训练班并任支部委员,支部书记是从欧洲回国的陈柱天,是国际学联负责人。两个年轻人相识后产生了感情。训练班结束后,他们在武汉结婚。然而结婚仅 12 天，1938 年 7 月 12 日，日军飞机对武汉进行大轰炸，陈柱天不幸中弹遇难。悲痛万分的黄葳要求去参加新四军，组织上决定让她去延安。8 月，黄葳与同志们一起从武汉出发，并改名为黄葳。途经西安八路军办事处（简称"八办"）时，熊天荆代表党组织要黄葳留下。她服从组织安排，任西北民先队妇女部部长，公开身份为西安高中教员。同年 11 月，因工作问题，她到"八办"找省委领导，这是她第一次见到欧阳钦。在谈话中，黄葳觉得这位省委领

◇ 1939 年，戴中溶在西安时的照片

导和蔼可亲，她放下了思想包袱，又汇报了在国民党胡宗南部队总部任机要室副主任的哥哥戴中溶的情况。从上海交大毕业后，戴中溶被分配在胡宗南部队，任务是培训无线电报务员和建立无线电通讯网。看到国民党的消极抗战和腐败内幕，他希望脱离国民党部队到延安参加抗战。欧阳钦很重视这一情况，详细了解了戴中溶的经历和思想情况，认为戴是正直的进步青年，他的特殊地位和有利的工作条件可以为革命作出特殊的贡献。在欧阳钦的引导下，戴中溶后来成为中共秘密战线的优秀战士，为中国革命的胜利发挥了极为重要的作用。

不久，欧阳钦告诉黄葳，省委决定她在《西北》刊物工作，负责搜集整理资料。在欧阳钦帮助下，黄葳认识到学习马列主义理论是共产党员的必修课，她学习的愿望就更强烈了。

在与欧阳钦的工作来往中，黄葳逐渐了解了这位长征过来的老红军。她敬佩欧阳钦学识渊博，觉得他真诚正直、平易近人，欧阳钦也由衷喜欢黄葳这位清华大学的优秀毕业生、革命意志坚强的女同志。他们时常在一起谈心，他们的爱人都是为革命牺牲的，都刚走出失去亲人的痛苦。相似的人生经历、共同的革命理想，使相互爱慕的情感油然而生。1939 年 7 月 1 日，经省委批准，在同志们的祝福中，欧阳钦与黄葳选择在党的生日这一吉日良

辰结婚,重新组建起家庭。

4. 儿子湘湘出生

1939年冬至1940年春,国民党顽固派掀起了第一次反共高潮,陕西省委决定把已经暴露的干部、党员分批调回边区,以保存力量。省委也由云阳迁到陕甘宁边区境内淳耀县安社村。当时黄葳临盆在即,走不了偏远崎岖的山路。只能到西安暂住在彭毓泰家中,由哥哥戴中溶不定期来看望和掩护。4月8日,黄葳在医院生下了儿子湘湘,但第三天时被国民党特务发现,省委交通员趁着夜色把黄葳和孩子接出医院,送到八路军办事处。在紧急转移的过程中,黄葳得病发高烧,一个月后大病尚未痊愈,便随朱德车队回到延安,住进延安医院,湘湘被托付给枣园李姓老乡家。黄葳出院后又在党校学习了一段才回到陕西省委所在地照金。见到日夜挂念的妻子,欧阳钦喜出望外,对黄葳说:"敌人发现你时,我真担心你们母子被捕。你还缺乏秘

◇ 1944年9月, 延安西北局的孩子们。左起欧阳湘、陈延生、马晓文、陈迪生(后)、贾虹生(前)、高延延、高轩、李延怀

密工作经验,这事会不会牵连到戴中溶,我一直在思虑,放心不下。后来'八办'来电报,知道你平安出院,我放心了。你带着40多天的婴儿去延安,途中吃苦了。"

5. 反共高潮中隐蔽精干讲策略

1939年1月,国民党召开五届五中全会,制定了"溶共"、"防共"、"限共"的方针,开始积极开展反共活动。陕西成为国民党在西北的反共中心,党的生存环境更加险恶。是年5月,中共中央任命欧阳钦为中共陕西省委书记,他与省委其他领导反复研究敌我双方的态势,确定了"以巩固为主"的建党方针。省委认为必须吸取党的历史上"左"倾冒险主义的教训,必要时坚决地、毫不犹豫地把已经暴露身份和不宜在国统区继续工作的干部、党员和进步分子调回边区;未暴露和隐蔽较好的党员和进步分子应设法打入国民党基层的各种组织中去,并允许在必要时,可以加入国民党、"三青团"。隐蔽下来的党员,主要是广交朋友,不发展或极其慎重地发展新党员,以免暴露政治面目。

在国民党顽固派发动的第一次反共高潮中,胡宗南部队纠集地方顽固势力,于1939年12月先后侵占陕甘宁边区的五座县城,并阴谋进攻延安。在这种复杂严峻的局势下,陕西省委召开第三次扩大会议。欧阳钦在会上作了《从陕西与西北事件说到目前时局与任务》的报告。他指出:今天中国时局的特点是:还在继续抗战 —— 但在抗战中,发生了严重的投降危机;还在继续团结 —— 但在团结中发生了严重的分裂现象;还在继续进步 —— 但在进步中发生了严重倒退运动。他指出全陕党员的具体任务是:(1)巩固与扩大统一战线;(2)坚持武装斗争;(3)在思想上、政治上、组织上巩固我们的党。

在1940年9月召开的省委常委扩大会上,欧阳钦指出:现在的环境下做抗日的事,进步的事,宁可"有实无名",以免突出个人引起暴露。为了巩固党的组织,要做"劳而有益"的事,绝不能做"劳而有害"的事,要懂得"无为而后有为",有时不做工作,正是做了保护党的组织的工作。他还要求领导干部必须懂得革命发展的规律性,善于遵从规律前进,避免发生大的错误。当时局好转时,要准备时局恶化,和平时期要准备战争,"有文事者必有武备"。这些体现着辩证思维的思想,贯穿了他的整个革命生涯。

会后,欧阳钦领导省委各部门先后整顿了22个中心县委和工委,把各级党组织的领导权都掌握在政治上坚定,有工作能力,会适应环境,懂得新的领导方式,能以社会职业、地位作掩护的同志手中;同时在党内开展了防奸细工作,规定了明确的政策界限,清除暗藏在党内的坏人。

1940年5月,中共中央提出"隐蔽精干,长期埋伏,积蓄力量,以待时机"的十六字方针。皖南事变发生后,为贯彻这一方针,1941年2月,欧阳钦主持召开了省委常委会议,并在会上作了《目前时局下的陕西工作》的报告,就如何贯彻中央的指示提出了十项措施。他还提出要"打入要害"(即主要对象),"打入心脏"(即深入内部)的方针。对国民党的工作要从外部磨擦转到内部磨擦。会后,他派人到各地采取谈话、写信等多种方式传达贯彻会

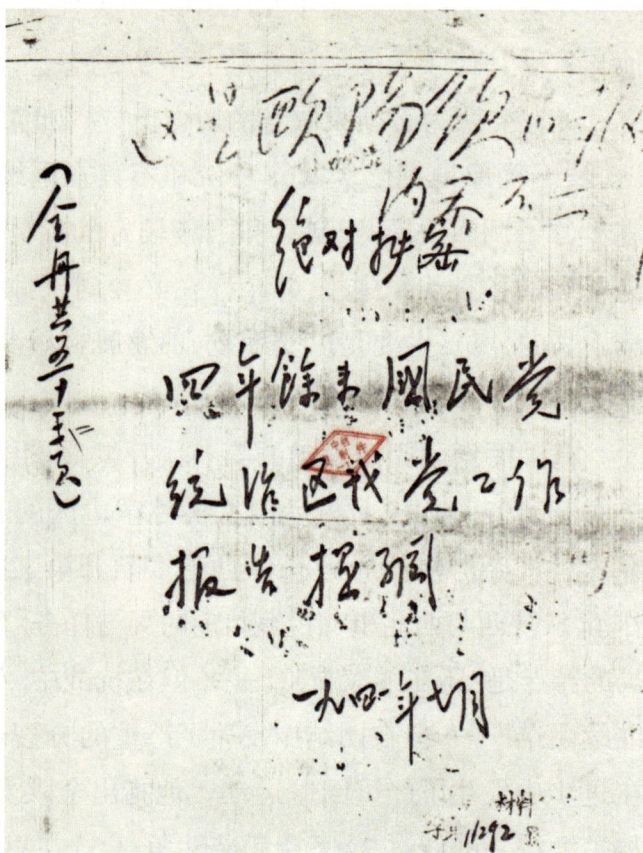

◇国统区工作报告提纲

议精神。各级党组织都按照省委要求,在国民党内部,在国民党中央军、西北军、地方武装、在乡军人、财政经济部门以及"青红帮"中,开展党的秘密活动,以合法形式深入开展统战工作,争取到一些同情者和积极分子,收到了很好的效果。

　　7月,在将要调往中共中央西北局工作之前,欧阳钦在西北局召开的常委会议上,以《关于四年来国民党统治区我党工作报告》为题,作了长篇书面发言,全面分析了陕西社会各派政治力量对抗战及对中共的态度,并系统总结了陕西省委四年来的工作和经验教训。

◇中共陕西省委旧址(照金)

第六章　整风生产　勤思敬业见品德

1. 在"抢救运动"中保护干部

1941 年 8 月 1 日,中共中央发出《关于调查研究的决定》,决定设立中央调查研究局,毛泽东兼任局长、任弼时为副局长,收集和研究国内外政治、军事、经济、文化及社会阶级关系各方面情况。西北局随即成立调查研究局(也称四分局),受中央调研局和西北局双重领导。欧阳钦被任命为调查研究局副局长。在成立大会上,欧阳钦作了报告,他说,调查研究局要成为西北局的助手,要与各方面取得联系,做好调研工作。

1942 年春,延安整风开始。调查研究局是个知识分子集中的地方,且人员大都来自国统区,在文件学习中,民主空气很浓,思想非常活跃。欧阳钦带头学习、联系多年革命实践解剖思想,总结成败的经验教训,写出了长篇笔记及学习发言,汇集成《平凡的话》。

然而,审干开始后,康生搞起恐怖的"抢救运动",把陕、甘、川、豫等地下党统统打成"假党"、"红旗党"(即在国民党红旗政策下建立的假共产党)。一夜之间,调查研究局的工作人员有的被关进保安处,有的被锁进窑洞,连贾拓夫、欧阳钦以及西北局组织部部长陈正人等老同

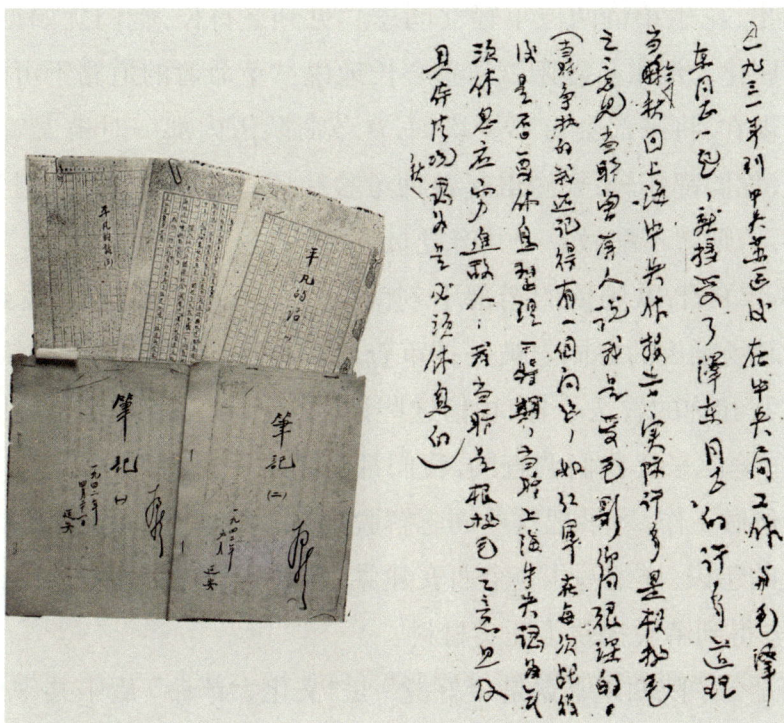

◇ 延安整风期间，欧阳钦（杨清）的学习笔记摘录：一九三一年到中央苏区后，在中央局工作，与毛泽东同志在一起，就接受了毛泽东同志的许多道理，当年秋回上海中央作报告，实际许多事根据毛主席意见，当时曾有人说我是受毛影响很深的（当时争执的我还记得有一个问题，如红军在每次战役后是否要休息整理一时期，当时上海中央认为无须休息，应穷追敌人，我当时是根据毛之意见及具体情况，认为是必须休息的）

志也成为怀疑对象。同志们都十分困惑，欧阳钦为此忧心如焚。一次，正在受审查的李屺阳遇到欧阳钦，欧阳钦对她说："你们有问题就说，没问题就不要说，要坚持真理！"当时"坦白"运动已经开始，人心惶惶，欧阳钦在这个节骨眼上鼓励同志坚持真理，真是一字千金！

不久，西北局召开干部大会，宣布要枪毙延安县委宣传部部长黄流，并且贴出了处决布告。幸好几天后，毛泽东作出"一个不杀，大部不抓"的指示，人们心中的千钧巨石才落了地。但是，受过伤害的同志是无法一下子抚平心灵创伤的，欧阳钦诚挚地倾听他们的委屈，耐心做了大量的思想工作。1943年元旦，欧阳钦特意让黄葳把受到伤害的彭毓泰和曹冠群请到家中，他热情地端出红枣、花生招待两位年轻女同志。见到老首长，她们犹如见到亲人，一肚子委屈化为泪水。欧阳钦语重心长地说："革命者的道路不可能一帆风顺，过去、现在、将来都会有不少坎坷，在革命队伍内部一时被误解、受委屈也是考验，你们都年轻，要经得起各种考验和摔打，更不能对党、对党的事业失去信心，否则就不配做一个共产党员了！"

1944 年 9 月，欧阳钦的老部下刘南生从北方局调回延安，看到那么多曾为革命赴汤蹈火的好同志被关押审查，很不理解。他找到欧阳钦，欧阳钦对他说："我和你的看法一样，相信这些被'抢救'被审查的都是好同志。凡是各机关、学校来找我们调查的，我们都写了证明材料，今后我们还要努力找有关单位做工作，尽早把这些同志解脱出来，这是我们的责任！"刘南生按照欧阳钦的建议，详细写了一个西安建党情况的报告，交给党组织，为被"抢救"的同志得到解脱提供了证实材料。

历史至公，"陕西地下党是个好党"是"文化大革命"后中共中央和中央领导同志在有关陕西问题的文件和谈话中作出的结论。

◇ 1944 年，在延安国际和平医院留影。左起：陈正人、欧阳毅、欧阳钦、贾拓夫、苏联医生阿洛夫、李卓然

2. 参加大生产运动

　　1941年到1942年,陕甘宁边区的财政经济遇到了极大的困难。中共中央和毛泽东主席号召边区军民开展大生产运动,"自己动手,丰衣足食"。1943年1月,欧阳钦被任命为中共中央西北局副秘书长,后任秘书长,主持办公厅工作并兼管调查研究工作。他除处理西北局党委、书记处的大量日常政务外,还抓大生产运动,保障蔬菜、煤炭、饲料的供给,连商店经营等具体问题他都亲自过问。他以身作则,带领机关干部、职工努力开荒种田,还找白茜学习纺线。办公厅秘书处处长范子

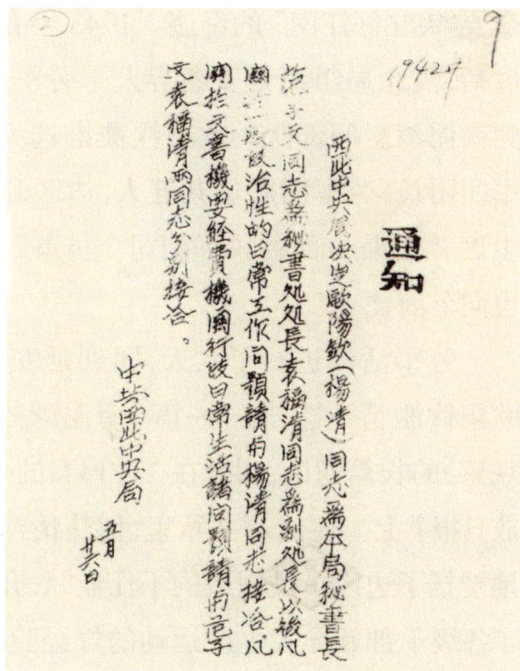

◇ 1942年5月任命欧阳钦(杨清)为西北局秘书长的通知

文在大生产运动中取得显著成绩,在西北局高干会上受到表扬,毛泽东主席为他题词:"机关生产的模范"。

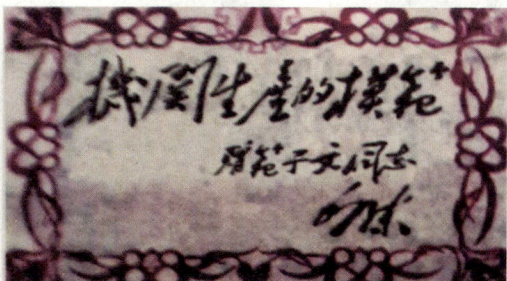

◇表彰词——机关生产最好:一、由一九三九年的一千五百元生产基金,六匹牲口发展到现在有农场三处、木炭厂、磨房,屠房、小木铺各一座、运输牲口十六匹、羊子二百双。积蓄了相当生产资金。二、一九四二年上半年,除粮食各项支出自给百分之七十五。三、一九三九年至一九四二年收获细粮一百零五石,菜四十万斤。四、机关伙食较好。补充日用品甚多。

1941 年春至 1944 年底，八路军一二〇师三五九旅在陕北南泥湾军垦屯田，创造了"陕北好江南"的奇迹。1943 年春节过后，西北局组织延安各界人士劳军团，到南泥湾慰问部队。欧阳钦被推选为劳军团团长，劳军团成员共五人，边区政府主席林伯渠和晋绥联军副司令员萧劲光也同车前往。

劳军活动进行了六天，回到延安后，欧阳钦激情不减，写了一篇《南泥湾劳军观感》的长篇通讯，刊登在 3 月 13 日的《解放日报》上。在这篇文章里，他热情洋溢地赞扬了边区军民创造的不凡业绩，介绍了各级干部领导大生产运动的好经验，他对林老和王震的战友深情也表现于字里行间。

◇ 欧阳钦（杨清）的《南泥湾劳军观感》发表在 1943 年 3 月 13 日《解放日报》上

◇ 1943 年 2 月，欧阳钦（前左一）和林伯渠（前左二）在南泥湾慰问三五九旅

3. 心胸坦荡，宽厚待人

欧阳钦心胸坦荡，宽厚待人，但在原则问题上却毫不让步。许多陕西省委的老同志都记得欧阳钦拍桌子的事。

1940年负责《西北》周刊的安群因为拒不接受动员交公粮的任务受到欧阳钦的批评。双方都生气地拍了桌子，随后欧阳钦先冷静下来，说："我发脾气不对，向你道歉，但你应服从组织安排。"安群也觉得自己不对，行了个军礼，立即出发动员交公粮去了。

欧阳钦丝毫不计较安群和自己拍桌子，照样对安群关心爱护、培养使用。后来欧阳钦常以此为例讲"共产党人之间的关系就是批评与自我批评的关系"。

◇1944年欧阳钦一家三口在西北局窑洞前。左起：欧阳钦、欧阳湘、黄葳

"文化大革命"之后,安群和老同志见面时谈起这件事,仍深为欧阳钦的宽广胸怀和当年的好党风而感慨。

1943 年,欧阳钦的老部下吕剑人在党校学习时,儿子得了百日咳,病情严重,无奈之下将情况反映给欧阳钦,他立即批假、开介绍信,并把马借给吕剑人,使孩子及时得到治疗。

西北局调研局年轻干部周盼的孩子降生后,没有奶,欧阳钦把每天供给他的半瓶羊奶送给婴儿吃。

同志们都把欧阳钦看成是可以信赖的老大哥和贴心人。

4. 出席中共七大

在世界反法西斯战争和中国的抗日战争即将取得胜利的前夜,1945 年 4 月 23 日至 6 月 11 日,中国共产党第七次全国代表大会在延安杨家岭中央大礼堂召开。欧阳钦是正式代表,黄葳是候补代表,他们一起出席了大会。七大"放手发动群众,壮大人民力量,在我党的领导下,打败日本侵略者,解放全国人民,建立一个新民主主义的中国"的政治路线,使欧阳钦深受鼓舞。作为一名老党员,他决心为实现党的七大确定的路线和任务而努力奋斗。

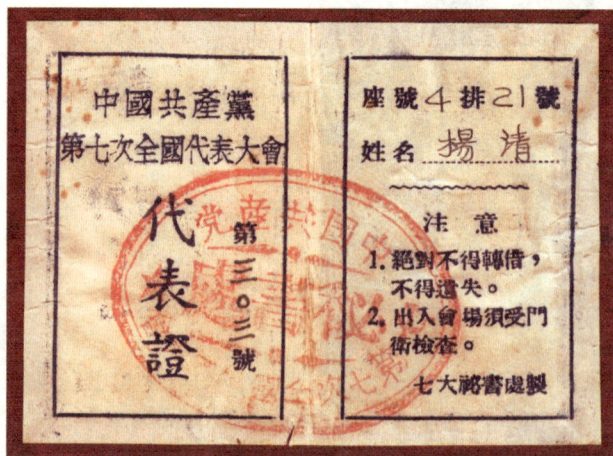

◇ 欧阳钦(杨清)的中共七大代表证

◇中共七大代表合影（局部），
前排左四为欧阳钦

第七章　进军东北　冀察热辽土改忙

1. 向北发展，走向冀察热辽地区

1945 年抗战胜利后，中共中央制定了"向北发展，向南防御"的战略部署，从各解放区和延安调出 2 万名党政干部和 11 万部队，进军东北。西北局也派出大批干部赶赴东北，欧阳钦和黄葳带着儿子湘湘，与战友们一起踏上了赴东北的征程。1945 年 11 月 27 日，中共中央又发出"热河极为重要，所去干部留热河工作"的电报指示，先后将去东北的 1 万多部队和 1000 多名干部留在热河工作。欧阳钦奉命留在承德，担任新组建的中共冀热辽分局秘书长。冀热辽地区是关内通向东北的咽喉要道，处于重要的战略地位。国民党和共产党都在极力争取占领这一地区。

1946 年 1 月 5 日，国共双方签署《关于停止国内军事冲突的命令和声明》（即《停战协定》）后，冀热辽分局指定欧阳钦负责热河执行小组的工作。在和平"调处"气氛下，许多人对国民党和美国抱有幻想。欧阳钦认为国民党反共本性不改，提出"军事上不能依靠执行小组，但可以利用它"的主张。事实证明，欧阳钦见地深刻，停战令没有发挥效力，承德和东北其他地方一样，始终磨擦不断。

◇ 1946 年春，欧阳钦
在冀热辽分局

从 1945 年 12 月至 1946 年 3 月，他在冀热辽分局会议上的十次发言都结合热河的斗争形势，作出深刻的分析，提出精辟的见解。他提出"与国民党的斗争是争夺领导权的斗争"，"热河的斗争与东北息息相关，要把热河与东北的斗争结合起来"，"动员一切力量保卫热河，如用清算、减租、生产、剿匪不同的方法，发动群众，使群众得到利益"。

为把这个刚解放的新区变成巩固的根据地，在军区和分局的领导下，欧阳钦率领工作团转战于赤峰、凌源、叶柏寿等地，领导群众进行清匪反霸的斗争，恢复社会治安，发动群众，开展减租减息，并配合游击队反击国民党的武装进攻。经过努力，冀察热辽边区各县成立了民主政权，在进行减租减息的基础上，又开展了反奸清算斗争。边区的工商业得到恢复，社会秩序比较安定，党在冀察热辽创建根据地的工作初步打开了局面。

1946 年 6 月，国民党政府背信弃义撕毁停战协定和政协决议，向各个解放区大举进攻，全面内战爆发。8 月 26 日，国民党第十三军进攻承德，之

◇ 1946 年夏，欧阳钦在承德离宫

后持续猛烈进攻，冀热辽中央分局和热河省委党政机关、部队主动放弃承德，向围场、赤峰、林西撤退转移，这是党在热河最困难的时期。

欧阳钦后来回忆道：这一年特别冷，零下四十几度，到赤峰北桥头枪都打不响了，至此国民党停止进攻，我即利用此机会训练，到 1947 年配合游击队反攻。

1946 年 11 月下旬，冀察热辽中央分局召开高干会议，分局书记程子华作了《关于目前热河的形势与任务》的报告，指出热河今后的任务是土地改革、武装斗争、建设根据地三位一体。并决定大力清剿土匪，坚持游击战争。

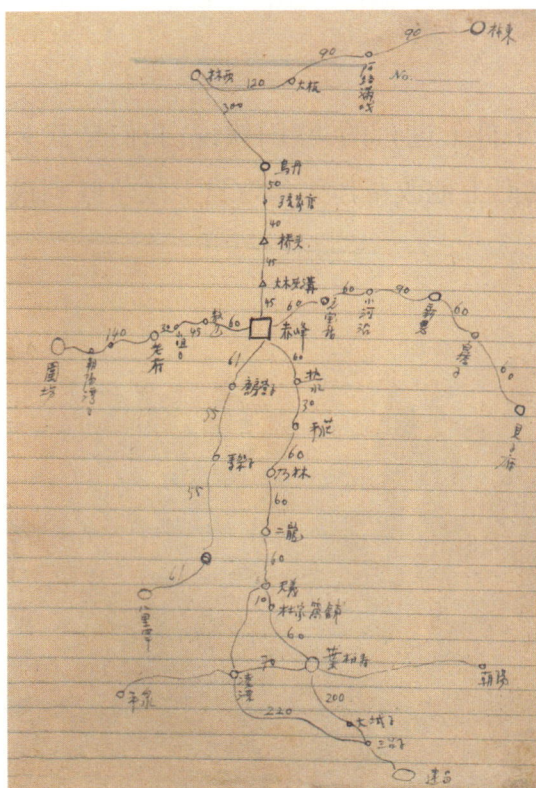

◇ 欧阳钦手绘冀热
　辽区域地图

◇ 1947 年 8 月在叶柏寿，中间为欧阳钦，右一为黄火青

2. 领导热东土改

冀察热辽地区的土改是在战争条件下进行的,欧阳钦说:我们是武装保卫土改,土改支持和壮大武装。他把土地改革作为争取自卫战争胜利最突出的任务。

1948 年春,欧阳钦任冀察热辽中央分局土改工作团南团团长,负责指导热东土改。热东地区在长达 13 年的日伪统治时期,曾是日本侵略者搞生化武器试验的无人区,近百万群众被赶进"人圈",党的地方干部和许多农村党员被捕牺牲,损失惨

◇ 1948 年,赤峰土改,农民分地情景

重。"土匪、鼠疫、大烟土"这三害把这一带搞得乌烟瘴气,老百姓生活极苦,加之反动分子造谣惑众,一些群众对国民党抱有幻想,对共产党还有疑虑。在这种情况下开展工作,难度是很大的。欧阳钦带领地委同志和工作团,深入到农民中间,和贫雇农促膝谈心,了解农民的愿望,倾听群众的呼声,启发、提高穷苦百姓的阶级觉悟,增强群众同国民党斗争到底的信心。

在深入调查研究中,欧阳钦发现土改进度太慢,落后于翻身农民的要求。欧阳钦对干部们说,土改的目的就是解决贫雇农饥寒交迫的现实问题,挨饿的农民迫切需要土地,我们快一点,贫雇农就少挨点饿,少受点冻。他提出"大胆放手地把政策交给群众而又不放弃领导,群众就会有本领有力量解决问题,并且可能解决得很好"。

热东地区的群众很快就被发动起来了,但是过程中出现了"左"的偏差:对地主"扫地出门"和乱打乱杀现象;一些地方严重侵犯了中农利益,提出

◇ 1947 年 4 月，参加冀察热辽第一次党代会的分局领导人合影。左起：欧阳钦、李运昌、赵毅敏、程子华、黄火青、高自立

◇ 1947 年 4 月，冀察热辽第一次党代会主席团成员合影。左起：苏林燕、黄火青、李子光、胡锡奎、李运昌、黄永胜、程子华、赵毅敏、欧阳钦、陈奇涵、高自立

"打烂平分"、"抽肥补瘦",加重了中农负担,不让中农参加农会;还有一些地方对基层干部实行所谓"搬石头"等"左"的做法。欧阳钦指出,土改工作离开党的领导,踢开区、村干部,群众要怎么办就怎么办是错误的。他写文章,发表讲话,宣传党的政策,要求严格执行土地法大纲,分给地主、富农土地和房屋。除了极少数不杀不足以平民愤的恶霸地主,必须经法庭宣判执行外,严禁杀人。对地主富农要执行给出路的政策,他说,"如果我们不给地主富农生产和生活出路,将来社会上将有 10% 以上的人口无职业,流浪、行乞,甚至沦为匪、盗、娼。没有生活出路时就要为非作恶,破坏社会秩序,贫雇农也不能过好生活。所以给地主、富农生活上和生产上的出路,实际上还是为贫雇农的利益"。

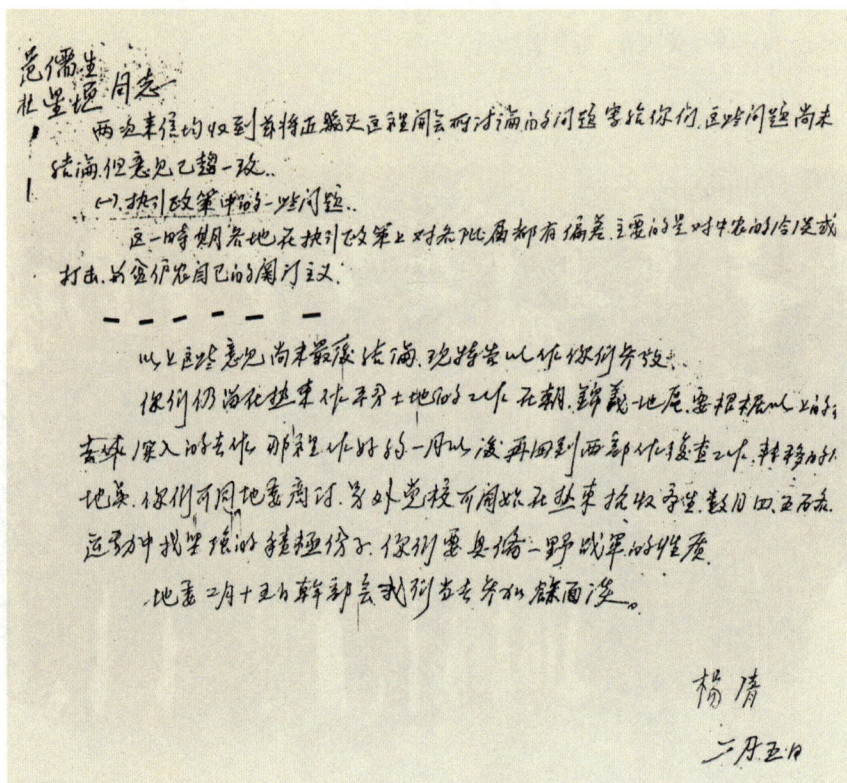

◇ 1948 年 2 月 5 日,欧阳钦(杨清)写给热东土改工作团负责人范儒生、杜星垣的信

他坚决反对侵占中农利益,他说:"我们口口声声说贫雇农领导,如果占农村人口多数的中农离心离德,你领导谁?"欧阳钦深入细致地做群众和干部的思想工作,使他们认识团结中农的必要性。在此基础上,要求凡是发现有违反政策的地方,在复查时,政治上赔礼道歉,错划了成分的中农要改定成分,经济上没收的东西要坚决退赔。他提出:必须打开大门,把全体中农吸收到农会里来,并吸收中农参加农会领导,共同商议贫雇农、中农内部团结问题。

◇冀察热辽分局领导人合影,前左一为欧阳钦,前右一为程子华,后面站立者为黄火青

在欧阳钦的精心指导下,热东地区的土地改革运动走上了正确的轨道,发展得又快又好。在进行土地改革的同时,热东地区的扩兵、征粮、战勤、除奸等项工作都获得了很大成绩,有2万多人参军,有20多万人次参加支援前线和破路斗争,提前完成了征粮任务。特别是在辽沈战役期间,热东的一些县就是战场,由于土改后正值丰收年,翻身的农民意气风发,在支前中做到要人有人,要粮有粮,并出了10万民工参战。

第八章 旅大履新 认清形势定方略

1. 出任中共旅大地委书记

1948 年 4 月，欧阳钦
和一批干部遵照东北局的
指示，准备接管新解放的
城市。欧阳钦先到哈尔滨，
一旦长春解放，他即接管长
春的工作。由于解放军对
长春"围而不打"，欧阳钦的
工作安排又发生了变化。

根据与国民党政府签
订的条约及协定，二战结束
后苏联在辽南旅大地区驻

◇在大连时期的欧阳钦

军，对旅大实行管制。当时的中共旅大地委领导与苏联
驻军在许多问题上发生严重分歧，问题反映到中苏两党
的最高层领导，最后，中共旅大地委五位常委中三人被调
离旅大。

具有重大战略意义的旅大地区出现复杂的政治局
面，急需一位政治思想水平高、工作经验丰富的领导人去
应对，东北局再三斟酌，决定选派欧阳钦去旅大出任中共

旅大地委书记。

1948年7月，欧阳钦全家和罗叔章等人一起乘火车从哈尔滨去大连，途经牡丹江，在丹东改乘汽车，在东北地区和旅大的交界处瓦房店下车，脱下军装，放下武器，进入旅大地区。

欧阳钦到任后，听取韩光等旅大地委领导的情况介绍，立刻开展了全面深入的调查研究，很快掌握了旅大的政治局面。当时的旅大既有美苏之间的角力背景，又有国共之间的明争暗斗。根据1945年8月苏联政府与国民党政府签订的《中苏友好同盟条约》，苏军对旅大实行管制，中国共产党在旅大不能公开，苏军当局不允许中共实行与其他解放区完全一样的政策和做法，干部中对此认识很不统一，对旅大到底是什么样的地区发生争论，意见的分歧影响了工作的顺利开展。

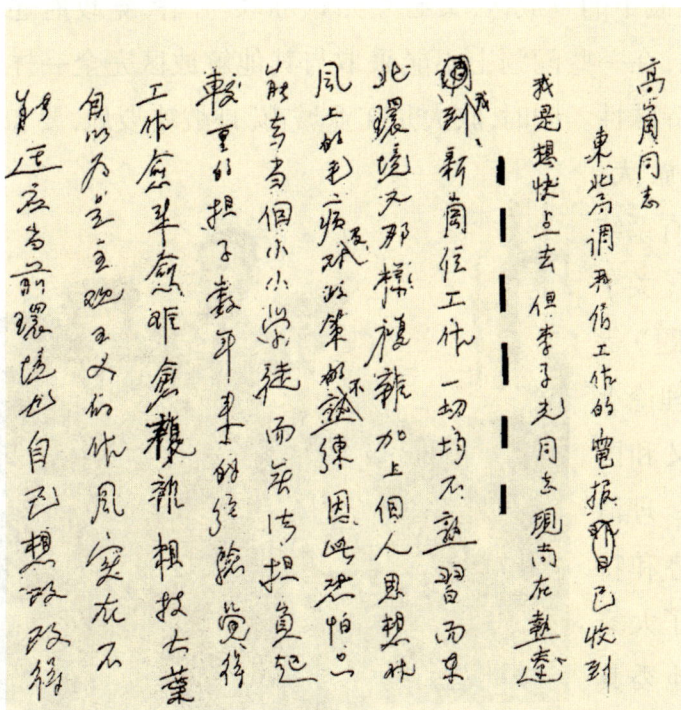

◇ 1948年5月，欧阳钦写给高岗的信：东北局调我们工作的电报已收到，我是想快点去……到新岗位工作一切均不熟悉，而东北环境又那样复杂，加上个人思想作风上的毛病及对政策的不熟练，因此恐怕只能去当个小小学徒……

◇ 1948—1955 年, 旅大市委南山街办公地旧景

欧阳钦肯定了原来地委提出的"以苏为主"口号, 他指出, 面对与国民党的斗争, "以苏为主"实际即是"以我为主", 二者是一致的。他明确提出旅大是"苏军控制下的解放区"。作为解放区, 它和其他解放区一样都是在中国共产党领导下, 要实行新民主主义的政策, 要大力支援解放战争, 这是共性。但作为苏军控制下的解放区, 又必须照顾苏联与国民党政府还有外交关系这一现实情况, 在一些问题上不能采取与其他解放区完全一样的政策和做法, 这是它的特殊性。同时, 旅大是工业城市, 是战略要地, 要和苏军合作来保卫和建设旅大。在这期间, 他有系统地向干部作了《关于国际主义问题》等政治报告, 从理论上阐明爱国主义和国际主义的关系, 理清了旅大的形势和特点, 终于统一了大家的认识。原地委其他领导同志和广大干部欣慰地感到旅大来了一位老练的"掌舵人"。

◇ 欧阳钦与同志的合影。左起: 刘南生、陆毅、欧阳钦

◇欧阳钦在到大连后的第一场干部报告会上讲话

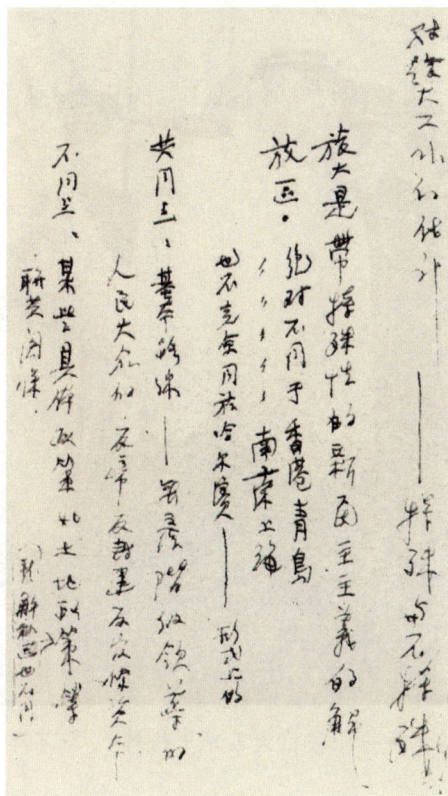

◇ 1948年，欧阳钦到大连的第一场干部报告会提纲摘录：对旅大工作的估计——特殊与不特殊　旅大是带特殊性的新民主主义的解放区，绝对不同于香港青岛，绝对不同于南京上海，也不完全同于哈尔滨——形式上的，共同点：基本路线——无产阶级领导的、人民大众的、反帝反封建反官僚资本；不同点：某些具体政策，如土地政策等、新解放区也不同，还有苏共关系

　　处于不公开状态的中共旅大党委加强了与苏联驻军的友好沟通与合作，欧阳钦与前后两任苏联驻旅大海陆空军司令别罗保罗道夫上将和史维卓夫上将经常会晤，向他们介绍中共的方针政策和解放战争的进展，介绍旅大地区的工作情况和中共在旅大实行的政策、措施。他还诚恳坦率地向苏军领导机关提出整顿军纪，改善苏联驻军与旅大人民关系的建议。这些工作取得了很好的成效。苏联驻军为中共在旅大的工作提供了许多便利，阻止了国民党接收旅大和通过这一口岸进兵东北的企图，使旅大地区成为共产党稳定可靠的后方根据地。特别是利用旅大的工业基础，发展军工，对支援解放战争作出了突出贡献。

◇欧阳钦（左坐者）会见别洛巴罗托夫上将（右坐者）（第一任驻旅大苏军总指挥），与苏军官兵合影

◇欧阳钦出席驻旅大苏军宴会。左起：于谷莺（三）；欧阳钦（五）、别洛巴罗托夫（六）

◇欧阳钦会见驻旅大苏军。前排左起：欧阳钦（三）、别洛巴罗托夫（四）、苏联驻旅大总领事（五）

◇欧阳钦会见驻旅大苏军领导人。左起：苏联驻旅大总领事、
别洛巴罗托夫、欧阳钦

◇ 1953 年 2 月，以周恩来为团长的中央人民政府代表团慰问驻旅顺口苏军部队，苏军领导
在机场欢迎周恩来。前排左起：卢茨基（一）、谢苗诺夫（二）、欧阳钦（三）、别洛巴罗托
夫（四）、潘友新（五）、周恩来（六）、萧劲光（七）、伍修权（八）、萧华（九）、陈沂（十）

◇ 1953 年 2 月，周恩来参观苏军海军舰艇。前排左起：欧阳钦（一）、周恩来（二），后排右起萧劲光（一）、萧华（二）

◇ 1953 年 2 月，欧阳钦与苏军驻旅大领导人去机场送别以周恩来为团长的中央人民政府代表团。左起：别洛巴罗托夫（三）、欧阳钦（四）、谢苗诺夫（五）

◇ 驻旅大苏军发行的中文报纸《实话报》，宣传中苏两党活动和
政策

◇ 欧阳钦与《实话报》社长谢德明合影。左起：黄葳（二）、欧阳钦（三）、谢德明夫人（四）、
谢德明（五）、韩光（六）、黄力（七）、冯秉天（十）

旅大的土改工作也采取了结合实际,循序渐进的方式,得到顺利的开展。1949 年 8 月,欧阳钦审时度势,在大量调查研究的基础上,主持召开了区党委会议,从旅大地区的特殊情况出发,作出《关于实行土地改革的决定》,对外称"土地调剂",没有搞疾风暴雨式的群众斗争,稳健的实行了对各个阶层的正确政策。经过一段深入细致的工作,既彻底解决了土地问题,激发了农民的积极性,又保持了稳定的社会秩序,使农业生产获得迅速增长。

2. 确定"两个发展"的十六字方针

1948 年,受敌人四面包围的旅大地区粮食、煤炭奇缺,经济状况十分艰难。欧阳钦后来回忆说:"当时市内无饭吃,妇女们替解放军做鞋子,以及打渔网。棉花由苏联走朝鲜运来,粮食煤炭也走这道来。当时粮食很缺乏,街边、平台、花园都种粮 ……"

1948 年 7 月 30 日,东北局发出《旅大发展生产,支援前线的指示》,指出党在旅大的主要任务是抓生产,搞工业,一是炮弹,二是纺织。欧阳钦和旅大地委的同志们坚决贯彻这个指示,确定了"发展生产,改善民生;发展文化,培养干部"的十六字方针。

经过一年的艰苦努力,旅大地区各项工作逐渐走上正轨,各项建设取得重大成就,在全国范围同国民党的斗争已经取得决定性胜利的形势下,中共在旅大地区亦赢得了广大工人阶级与劳动人民的高度信任。

1949 年 2 月,旅大地委改为旅大区党委。4 月 1 日,区党委在市文化宫召开了党的活动分子大会,宣布旅大中共党组织公开,这是旅大党史上的一件大事。

中共旅大区党委书记欧阳钦在大会上作了《在目前形势下旅大党的任务》的报告,正式提出"发展生产,改善民生;发展文化,培养干部"的口号,把"两个发展"作为旅大党组织的"两大中心任务"。他告诫干部:"在发展生产与文化两个任务中,生产是最基本的"。"而在整个生产中,又要把工业生产放到第一位,一切工作都应为经济建设服务"。

党组织公开后,许多工人群众和其他阶层的积极分子纷纷要求加入中

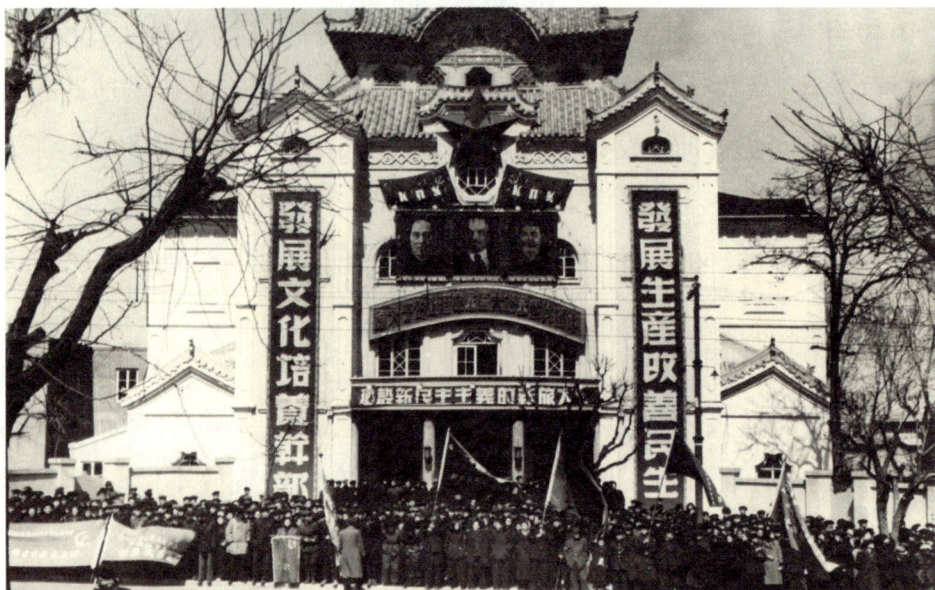

◇ 1949 年 4 月 1 日, 市文化宫中国共产党旅大区党委活动分子大会主会场

◇ 1949 年 4 月 1 日, 中国共产党旅大区党委活动分子大会主席台。左起: 任仲夷(八)、
韩光(十)、欧阳钦(十一)

◇ 中国共产党旅大区党委活动分子大会金县代表团

◇ 1949 年 4 月 1 日，欧阳钦在中国共产党旅大区党委活动分子大会上讲话

国共产党,使旅大党组织迅速发展壮大起来。

为了确保"两大中心任务"的完成,欧阳钦亲自主持制定了旅大两年经济发展计划,经过一年多的努力,旅大经济就走上了恢复与发展的轨道,取得了活跃经济、稳定市场、改善民生、安定民心的重大成就。欧阳钦回忆说:1949 年情况大变样了,真有日新月异之势。所以那年所遇台风之灾,几天就恢复了。

◇在中国共产党旅大区党委活动分子大会上。左起:欧阳钦(一)、任仲夷(二)、韩光(四)、胡忠海(五),右一为陆毅

第九章　日新月异　生产文化齐发展

1. 旅大为新中国诞生作出重大贡献

抗日战争胜利后,大连是我党领导下少有的大工业城市之一。1947年2月,时任中共华东局财经委员会副书记的朱毅受陈毅派遣,到大连组建弹药生产基地,形成了一个大型的军工联合企业。为了与当时的政治环境相适应,对外称作"大连建新公司",由朱毅任总经理。

欧阳钦主持旅大地委工作后,全力以赴支持朱毅和建新公司,继七五后镗全装炮弹技术基本过关后,经多次试验获得成功并开始大批生产。1949年上半年,粟裕来信,说建新的炮弹在淮海战役歼灭黄伯韬兵团中发挥了很大的作用,向建新职工表示感谢。

对于大连建新公司在解放战争中的贡献,1948年12月,朱德总司令在全军军工生产会议上说:"建新公司造的炮弹在几个战场都用上了,前方反映很好"。粟裕将军曾有一句名言:"华东的解放,特别是淮海战役的胜利,离不开山东民工的小推车和大连生产的大炮弹"。

除了为东北和华东前线提供大量的炮弹、炸药以及其他军工产品外,旅大地区的工厂还生产了大量布匹、被服、军鞋、药品、医疗器械等,为支援解放战争作出了重大贡献。陈毅、粟裕等同志曾亲自签发信件,向旅大地委和工人阶级表示勉励和感谢。

在恢复和发展生产的艰难过程中,旅大地方党委认真贯彻执行党的七届二中全会关于城市工作中依靠工人阶级的方针,欧阳钦和许多工人劳动模范都建立了深厚的友谊。他经常约请工人座谈,听取他们的意见。他认为有生产实践经验的工人是最有智慧、最有知识的。有一次,听说一位铆工根据自己的操作经验编成了顺口溜,他说要把它记录下来,这也是科学。他满怀感情地说:"有几十年生产经验的八级大工匠,都是生产战线上的将军,应该像对待将军一样尊重他们。"每年春节,欧阳钦都到劳动模范、先进工作者家里拜年,和他们促膝谈心。他离开大连多年后,许多老工人依然对他怀着崇敬和怀念之情,有的人还专程到北京看望他。[1]

◇欧阳钦与劳动模范赵桂兰亲切握手

---

[1] 郭述申:《一位具有坚强党性的战友》,《回忆欧阳钦》,中共党史出版社1992年版,第187页。

1949 年 9 月 18 日 10 时,新中国第一个工业展览盛会在大连开幕,500 多位各界代表到会表示热烈祝贺。旅大行政公署主席韩光致开幕词,旅大区党委书记欧阳钦发表讲话。工展开幕典礼大会还向毛主席和苏联斯大林大元帅发出致敬电。

◇ 1949 年 9 月 18 日, 欧阳钦为大连工业展览会开幕典礼剪彩, 其右为韩光

◇欧阳钦手持鲜花步入大连工业展览会会场

◇大连工业展览会画册

大连工业展览会开展期间,正逢新政协召开和新中国开国大典,广大观众喜出望外,展场内外欢欣鼓舞。《旅大人民日报》出号外,报道人民政协开幕的消息,张贴在各个展馆的门口。展馆扩音器不断播送毛主席在中国人民政协会上致的开幕词,贴满新中国即将诞生喜讯图片的花车在工展门前吸引了无数群众。

全国各地前来参观大连工展的人们络绎不绝,先后接待观众 31 万多人次。这是建国初期中国工业建设具有里程碑意义的盛举,影响了全中国。欧阳钦非常兴奋,正好西北局的老战友张邦英、安子文到大连,他不仅热情为他们安排好食宿,还陪他们参观工厂、市容,介绍旅大过去的情况和现在的发展,对建设新中国充满信心。

之后,工展会馆命名为大连工业博物馆,直属旅大行署领导,并设立大连工业技术学校,为大连工业建设培养人才。

2. 广纳贤才,建立教育文化基地

中国共产党在大连的特定环境下不仅很快地发展了工业,而且很快建起自己的文化教育体系。刚一解放就恢复了中小学教育,并创办师范讲习所,培训小学师资。接着又开办建国学院和文法专门学校,大量吸收有一定革命觉悟的知识青年,以抗大方式进行培训,充实干部队伍。1946 年开始在全市城乡扫除文盲,普及文化,兴办各种类型的业余学校、职工学校,培养技工和干部。1948 年,在全国解放战争胜利在望的形势下,旅大地委经中共中央、东北局批准,把原有的工科、医科、无线电等几个专科学校合并,从国统区和海外延聘有真才实学的教授,由吕振羽、屈伯川等组建大连大学(下设工学院、医学院,即现在的大连工学院、大连医学院的前身)。这是在中国共产党领导下较早创建的一所新型的正规的理工科大学,为新中国的建设事业培养了不少人才。旅大市委还派人到上海等地秘密联络人才,输送到旅大。

黄葳的清华老同学王大珩二战结束后从英国回国,满腔热忱,却报国无门,窘困之时中共地下党找到他,于是王大珩等一批知识分子在中共地下党的引导下,从香港辗转取道来到大连。一到大连,王大珩顿感春风扑面而来。没想到他们会受到如此热情的欢迎,不仅是大连大学工学院领导,中共旅大区党委书记欧阳钦也亲自出面热情接待他们,对他们勇于冲破封锁,毅然来到解放区参加建设的行动给予高度赞扬。这是王大珩第一次接触到共产党的领导干部,共产党人的真诚和热情给王大珩留下了极深刻的印象。在这里,他惊喜万分地与清华大学时的老同学戴中扆重逢,已改名黄葳的老同学,时任大连重型机械厂的副厂长。

◇王大珩

据史料记载,1948 年至 1952 年期间,大连工学院先后从海内外引进爱国学者近百名,这些优秀的知识精英,在大连找到了贡献学识才华,为国为民服务的理想家园。两院资深院士王大珩晚年回忆道:"那是中国知识分子十分舒心,精神振奋的一段美好日子。"

◇ 1950 年，欧阳钦、黄葳、欧阳湘合影

建国初期,大连犹如渤海明珠,吸引着全国著名文化艺术团体来访,京剧大师梅兰芳先生曾率团来大连演出,并赠送照片给欧阳钦留念。

3. 陪同毛主席和周总理访问苏联

新中国成立后,面临西方国家的政治、经济封锁的复杂国际形势。毛泽东于1949年12月6日出访苏联,就发展和加强两国关系,解决两国关系中的一些重要问题,同斯大林直接会商。

◇ 1952年3月,梅兰芳到大连演出时送给欧阳钦的签名照片

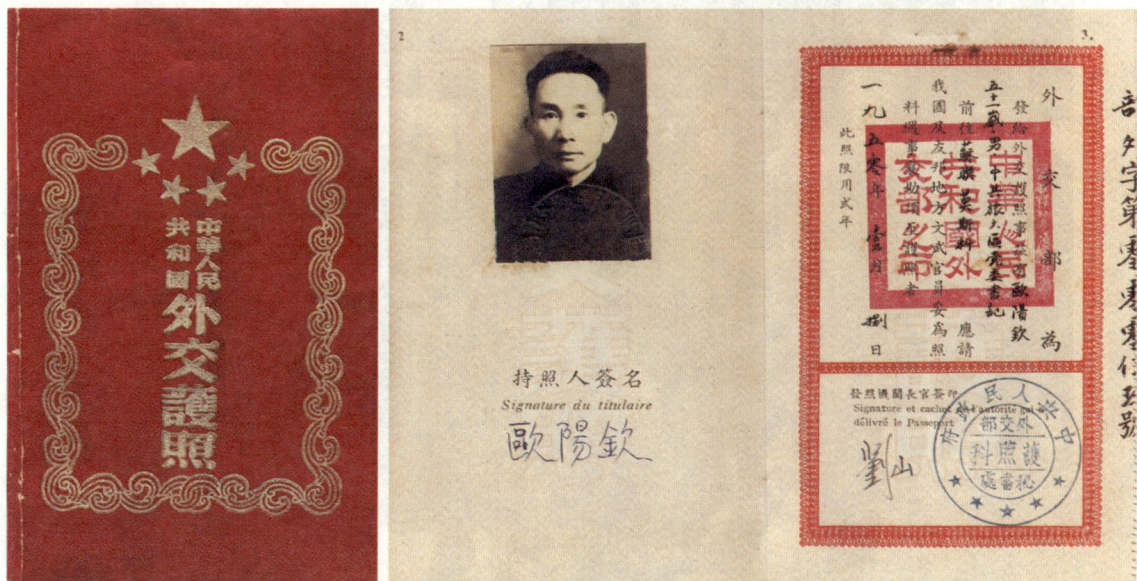

◇ 1950年1月,欧阳钦赴苏时所持的中国护照

　　1950年1月10日,欧阳钦随同周恩来总理带领的中国政府代表团赴苏联。代表团成员还有:东北人民政府副主席李富春,中央人民政府贸易部部长叶季壮,外交部苏联东欧司司长伍修权,东北人民政府工业部副部长吕东,东北人民政府贸易部副部长张化东等。1月22日,毛泽东、周恩来同斯大林等举行会谈。这次会谈主要讨论中苏条约问题,中国长春铁路问题,旅顺口问题,大连问题。最后达成关于中长路、旅顺口及大连的协定。

◇ 1950年1月,在莫斯科红场列宁墓前。左起:欧阳钦(二)、李富春(四)、周恩来(六)、王稼祥(七)

◇ 1950 年 2 月 14 日，《中苏友好同盟互助条约》签字仪式

　　1950 年 2 月 14 日，在克里姆林宫隆重举行《中苏友好同盟互助条约》签字仪式。当日晚 9 时，以中国大使馆名义宴请苏联最高领导人斯大林及各界代表人物。2 月 16 日，斯大林设宴欢送毛泽东、周恩来，中方陪同人员有陈伯达、李富春、王稼祥、刘亚楼、赛福鼎、师哲、伍修权、欧阳钦等 12 人。席间，斯大林特别提出与欧阳钦碰杯，对他在旅大工作时为增进中苏友谊作出的贡献表示赞许。

◇欧阳钦访苏日记片
段：笔记本封面

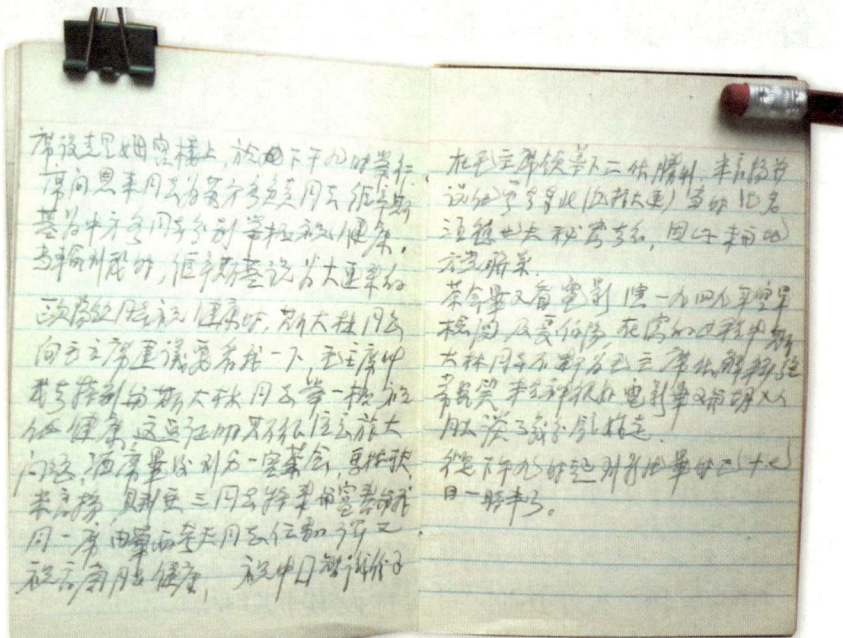

◇欧阳钦访苏日记片段：二月十六日斯大林同志设宴欢送毛主席周总理。中国
方面除毛周外，尚有伯达、富春、稼祥、亚楼、赛福鼎、师哲、修权、奉天、
子绪及我，共十二人。席设在克里姆宫楼上，于下午九时举行。席间恩来同
志为苏方各负责同志，维辛斯基为中方各同志分别举杯祝健康。当轮到我时，
维辛斯基为大连来的欧阳钦同志祝健康时，斯大林同志向毛主席建议要看
我一下。毛主席叫我去，特别与斯大林同志举一杯，祝他健康。这点证明斯
很注意旅大问题

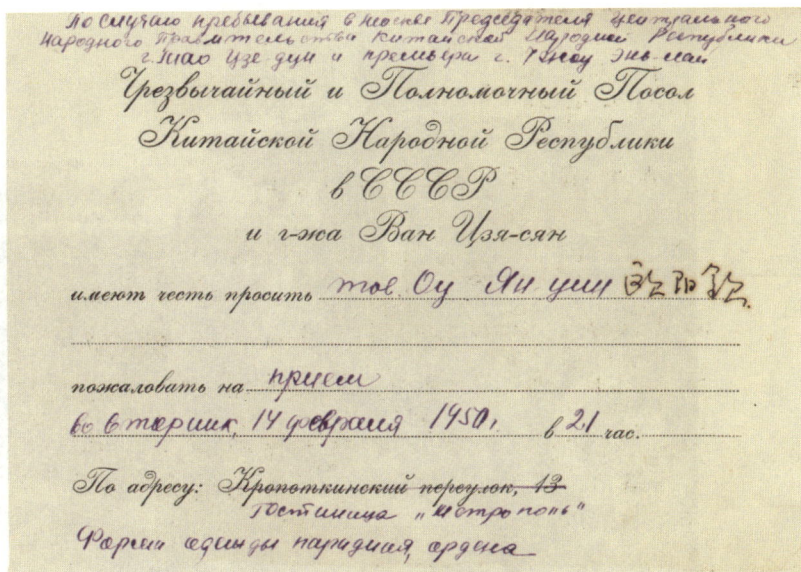

◇1950年2月14日在中国驻苏使馆举办酒会的请柬，庆祝《中苏友好同盟互助条约》签订

1950年2月17日结束访苏之行后，欧阳钦与毛泽东、周恩来等代表团同志同乘专列回国。

◇1950年2月，毛泽东访苏回国途中，在昂昂溪火车站下车休息。左起：周恩来（二）、欧阳钦（三）、毛泽东（四）、滕代远（六）

◇欧阳钦访苏回国，回到大连

在新中国成立初期，正确处理与苏联的关系，维护国家主权和民族利益非常重要，作为旅大市主要领导人，欧阳钦跟随毛泽东主席和周恩来总理，作出了自己的重要贡献。

朝鲜战争结束后，中苏两国政府又举行会谈，议定苏军于1955年5月31日以前从旅顺撤走，并将该地区的设备移交中国。随后成立了中苏联合军事委员会，由双方各派一个代表团组成。中方代表团主席为海军司令员萧劲光，成员包括欧阳钦、贺晋年、韩光、张学思等。①

4. 接待我党政军重要领导人

在解放战争炮火连天的岁月中，大连相对稳定的和平环境是中国共产党和军队高级干部治病和疗伤的战略后方。各个解放区的大批干部先后来到大连，许多在战争中有伤病的老革命、老战士到大连养伤或疗养。旅大地

---

① 《萧劲光回忆录》，当代中国出版社2013年版。

委组织部的一项重要任务就是接待、安排、输送各级干部。

1946年6月，张爱萍头部受重伤，他在夫人陪同下从蓬莱登船到大连治疗；1947年9月的一天夜晚，徐海东从威海登上去大连的轮船，同行的还有华东野战军领导的家属和孩子几十人及和平医院人员。国民党军舰在渤海与黄海交界处不停地巡逻，夜渡渤海充满危险。徐海东平安抵达大连后，得到了有效的治疗。

许多干部经过疗养健康状况好转，陆续重返前线，大批干部从大连不断被派往全国各地。这也是大连人民和地方党组织在经济极其艰难的条件下，为解放战争的胜利作出的一份特殊贡献。

◇1951年2月,欧阳钦陪同周恩来看望在旅大休养的徐海东。前排左起：
周恩来、徐海东、萧劲光；后排左起：萧华、欧阳钦

新中国成立后,朱德、周恩来等中央领导同志多次视察大连,对旅大市委的工作深表满意。

◇1953年9月,旅大市委领导在老虎滩宾馆欢送朱德。左起:冯秉天(二)、欧阳钦(三)、于谷莺(四)、朱德(五)、王大军(六)、陈伯村(七)、李卓然(八)、康敏庄(九)

◇1953年9月,旅大市委领导与朱德合影。左起:陈伯村(一)、欧阳钦(二)、康敏庄(三)、康克清(四)、朱德(六)、郭述申(八)、朱敏(九)、李卓然(十一)

1951年春,陈赓在率部入朝作战前夕,腿伤突然复发,在北京治疗一段时间后赴大连继续治疗和疗养。

◇1951年5月,欧阳钦陪同周恩来夫妇看望在旅大休养的陈赓夫妇。左起:欧阳钦、陈赓、傅涯、周恩来、邓颖超

◇1951年5月,欧阳钦陪同周恩来看望在旅大休养的陈赓夫妇。左起:周恩来、欧阳钦、傅涯

◇1951年5月，旅大市委领导在火车站欢送周恩来。左起：周恩来（一）、邓颖超（三）、郭述申（四）、欧阳钦（五）

◇1951年欧阳钦看望在旅大休养的陈赓。左起：欧阳钦、郭述申、陈赓

　　1953 年 8 月，中国人民解放军军事学院院长刘伯承和政治部主任钟期光赴大连疗养。刘伯承在疗养院坚持校完《苏军红军野战条令（草案）》，并写了"中文译本说明"。

　　他们都是欧阳钦生死与共的老战友，在大连重逢，喜出望外，欧阳钦义不容辞要尽地主之谊。

◇ 1954 年，欧阳钦到小平岛苏军疗养院，看望在此休养工作的刘伯承、
　钟期光。前排左起：疗养院院长、刘伯承、欧阳钦、钟期光；后排左起：
　都浩然、赵仁堂

◇ 1954 年，欧阳钦到小平岛苏军
　疗养院，看望在此休养工作的
　刘伯承、钟期光。左起：欧阳钦、
　钟期光、刘伯承

　　1950年11月,宋庆龄访问大连,陪同来连的还有林伯渠、廖梦醒、沈粹缜等,欧阳钦、韩光负责接待。早在1927年7月汪精卫公开反共的危急关头,宋庆龄始终坚持孙中山的"联俄、联共、扶助农工"三大革命政策,痛斥汪精卫的反共行为。欧阳钦当时是中共中央军委组织科长,正在武汉进行营救、疏散、隐蔽等一系列善后工作,亲历其境,深深钦佩宋庆龄的胸怀与胆略。

◇1950年11月,宋庆龄访问大连,与苏军领导合影。前排左起:罗叔章(三)、林伯渠(四)、廖梦醒(六)、宋庆龄(七)、郭述申(九)、欧阳钦(十)、韩光(十一)

◇1950年11月,宋庆龄参观展览。左起:宋庆龄(一)、廖梦醒(三)、林伯渠(五)、罗叔章(八)、韩光(十)

在宋庆龄访问大连时，根据她的愿望，安排访问了她想看的每个地方，参观了大连船渠修船造船机械工厂（现大连造船厂）和大连工业展览会，在旅顺拜访了苏联驻军领导，还登上苏联海军的军舰。宋庆龄对这次访问的成果很满意。11月12日是孙中山诞辰，宋庆龄闭门谢客，黄葳和黄力（韩光夫人）代表市委送去一束鲜花，以表纪念。

◇ 1950年11月，宋庆龄访问大连，在黑石礁宾馆前与旅大地方领导合影。前排左起：郭述申、韩光、宋庆龄、林伯渠、朱明、欧阳钦、罗叔章，二排左一为廖梦醒

5. 老来得女喜盈门

在新中国成立前的战争年代中,欧阳钦和黄葳戎马倥偬,居无定所。新中国成立后,他们在大连终于有了一个安定的家。1951年大女儿晓光出生,1953年小女儿晓明出生。女儿的名字含"天已破晓,光明出现"之意。老来得女,令老两口喜出望外,已经上小学的少年欧阳湘也因为有了两个小妹妹而欢欣不已。

在大连的海滨,一家人留下许多温馨深情的照片。

◇1951年夏,欧阳钦全家福,摄于老虎滩。后排左起:欧阳钦、晓光、黄葳,前排:欧阳湘

◇ 1953 年，欧阳钦与女儿晓光在海边戏水

◇ 1949 年，欧阳钦、黄葳夫妇与欧阳湘合影

◇ 1953 年，欧阳钦在海边留影

◇ 1953 年, 欧阳钦在
老虎滩疗养院留影

◇ 1951 年, 欧阳钦
与旅大市委秘书
长邹文轩合影

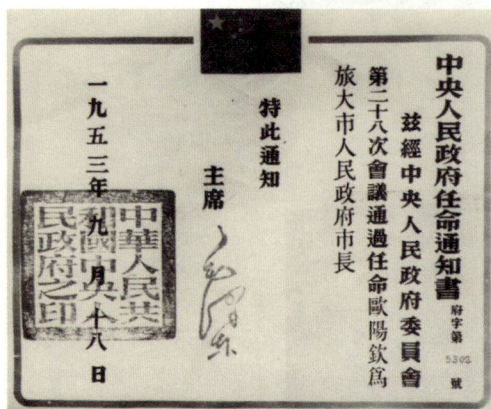

◇ 1953 年 9 月 18 日, 毛泽
东签署的任命欧阳钦为旅
大市长的任命通知书

第十章　主政龙江　黑土地上绘新图

1. 北上赴任，主政黑龙江省

1954 年夏，东北地区的行政区划有了新的调整，原黑龙江省、松江省和哈尔滨市合并为一个新的黑龙江省。东北局根据中央的决定，调欧阳钦和韩光到黑龙江省主持工作，欧阳钦任中共黑龙江省委第一书记，韩光任第二书记兼省长。

在旅大时，欧阳钦和韩光有过一段顺畅默契

◇初到黑龙江省的欧阳钦

的合作，现在又再度共事，两人都非常高兴。他对韩光说："黑龙江人民是英雄的人民，那里土地辽阔，物产丰富，自然条件很好，我们挖掘潜力，发挥它的优势，应当使它对国家有较大的贡献。"欧阳钦一口气数了十多个工农建设项目，接着说："我们要把大家很好的团结起来，把黑龙江的建设搞好。"充分表达了欧阳钦建设黑龙江的满

◇欧阳钦与黄葳在哈尔滨
市吉林街 44 号新家院
内合影

腔热情。[1]

　　欧阳钦履新之后，亲自主持起草《黑龙江日报》第一篇社论。他请来报社社长陈元直，商量社论怎么写，他说："这是新报的第一篇社论，必须写好！同志们从四面八方到这里来，就是为开发祖国北疆这块资源十分丰富的宝地。社论必须把大家的思想凝聚在一起，要使大家认清黑龙江的形势，振奋精神，团结奋进。"他提议将社论题目定为《团结起来，奋勇前进》。

　　合省之后不久，省里召开党代表会议，贯彻全国党代表会议精神，肃清高岗影响。有人在会上公开点名指责某人是高岗安的钉子，某人是漏网分子，要把他们当作靶子斗，一时气氛很紧张，与会者的眼睛都注视着欧阳钦。欧阳

---

① 韩光：《哲人其萎，垂馨千祀》，《回忆欧阳钦》，中共党史出版社1992年版，第174页。

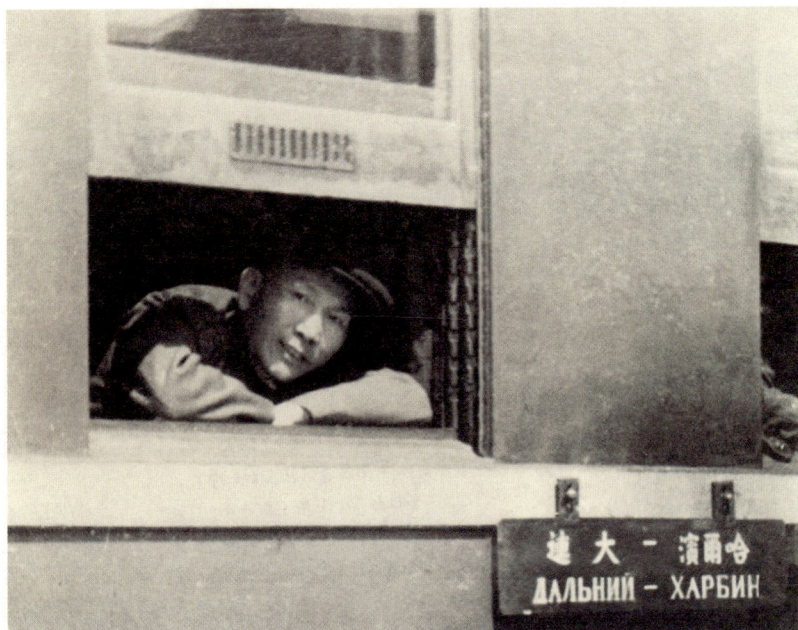

◇ 1954 年, 欧阳钦从大连乘火车去哈尔滨赴任

◇ 1954 年, 欧阳钦抵达哈尔滨火车站。前排左为欧阳钦, 右为韩光

◇1954 年 8 月 1 日，欧阳钦在黑龙江省建省干部大会上的讲话提纲：黑龙江是一个解放较早的地区，工作已有基础；黑龙江是我国一个重要的工农业地区，发展的前途甚大……

◇1954 年 8 月 1 日，黑龙江省建省后创刊的《黑龙江日报》的第一篇社论《团结一致，奋勇前进》

◇黑龙江省政协第一次全体会议，中间站立者为欧阳钦

◇黑龙江省政协第一次全体会议会场

钦冷静坦诚地说:"高岗是东北局第一书记,与他工作来往的人多了,都当成高饶分子揪出来,那样搞新省委不是垮台了吗?"欧阳钦和韩光商量,必须保护干部,被点名的干部都已经作了自我批评,揪住不放是不对的,省委坚持思想批评从严,以期肃清影响;但组织上基本不动,把大家团结起来,做好工作。新省委领导班子的团结和稳定,为同心同德建设黑龙江打了下良好的基础。

1954年9月,第一届全国人民代表大会在北京召开,欧阳钦作为旅大市的代表出席大会。

◇ 1954年9月,欧阳钦第一届全国人大代表当选证

◇ 1954年9月,参加第一届全国人大的辽宁省代表合影。第一排右起:欧阳钦(八)、林枫(十一)

2. 确定全省发展方针，突出工业建设

　　黑龙江省的工作到底是以农业为主还是以工业为主，抑或是工农并重，对这个问题，欧阳钦认为只有通过深入调查研究和缜密思考才能作出正确回答。他和韩光花了几个月时间先后到阿城、尚志、牡丹江、密山、绥芬河、伊春、佳木斯、齐齐哈尔等地调查，并在省委常委中多次进行讨论，统一思想。最后欧阳钦综合大家的意见，确定了"黑龙江是一个新兴的工业地区和重要的农业、林业地区"这样的省情。在省委召开的第二次会议上，他以省情为题，作了长篇报告。他在报告中具体分析了黑龙江省在思想、管理、技术等方面与新兴工业地区不相适应的矛盾，提出要把全省同志的注意力引导

◇初到黑龙江省工作时
　期的欧阳钦

到抓好农业、林业生产和大力支援大规模工业建设上来，特别突出了工业建设应摆在首位，为黑龙江省以后几年工业建设及各项工作的顺利发展起到指导作用。他要求各级领导干部把主要精力放在社会主义经济建设上，指出"今后一切工作的重心是为了建设社会主义，谁抓住这一条，谁就会得到一切，谁对这一点动摇，谁就会失掉一切"。

在合省之初，他代表省委向全省人民发出尽快实现"三个一千万"的号召，即年产一千万吨粮食，一千万吨煤炭，一千万立方米木材为主要指标的全省工、农、林业发展设想。在省委的正确领导下，经过全省人民的努力，仅用了4年时间，就实现了这个设想。黑龙江省作为第一个五年计划的重点建设地区，苏联援建的156个重点项目中有22项，如发电设备、飞机、机器制造工业等都在黑龙江"上马"。

◇ 1958年，欧阳钦陪同陈云考察哈尔滨汽轮机厂。前排左起：陈俊生（一）、欧阳钦（三）、陈云（四）、汽轮机厂厂长周伯蕃（五）

　　随着重工业的迅速发展,逐渐暴露出农业、轻工业与重工业不相适应的矛盾,欧阳钦又适时提出"保证重点,补长短腿"的方针,使全省经济得以协调有序的发展。

　　经过十多年的持续奋斗,黑龙江省成为国家重要的粮食生产基地,丰富的森林、煤炭资源基地,重要的工业基地。

◇欧阳钦考察哈尔滨第一工具厂。前排左起:陈雷(一)、欧阳钦(二)、任仲夷(三)、李敏(五)

◇ 1960 年初,欧阳钦和省委领导在鹤岗考察煤矿水力采煤。左起:张林池(四)、任仲夷(六)、王操犁(六)、李剑白(八)、陈俊生(九)、欧阳钦(十)、李西木(十二)

3. 参加中共八大，当选中央委员

中国共产党第八次全国代表大会于 1956 年 9 月 15 日至 27 日在北京政协礼堂召开。

◇ 1956 年 9 月，中共八大会场主席团

大会提出，生产资料私有制的社会主义改造基本完成以后，国内的主要矛盾不再是工人阶级和资产阶级之间的矛盾，而是人民对于建立先进的工业国的要求同落后的农业国的现实之间的矛盾，是人民对于经济文化迅速发展的需要同当前经济文化不能满足人民需要的状况之间的矛盾。这一矛盾的实质，在中国社会主义制度已经建立的情况下，是先进的社会主义制度同落后的社会生产之间的矛盾。解决这个矛盾的办法是发展社会生产力，实行大规模的经济建设。为此，大会作出了党和国家的工作重点必须转移到社会主义建设上来的重大战略决策。

◇欧阳钦（后排左一）在中共八大会场

八大选举产生了第八届中央委员会,选举产生中央委员 97 人,候补中央委员 73 人。欧阳钦当选为中央委员。

◇ 1956 年 9 月 28 日,中共八届一中全会会场

4. 在抗洪第一线

1956 年 10 月,原省长韩光调京,欧阳钦兼任黑龙江省省长。

◇ 1956 年 10 月,黑龙江省委欢送韩光赴京就任。左起:李剑白(二)、王鹤峰(五)、陈元直(六)、欧阳钦(七)、林肖侠(八)、韩光(九)、李瑞(十)、黄力(十一)、于杰(十二)、冯秉天(十三)、王军(十四)、李西木(十五)

1957 年 8 月下旬,黑龙江全省在长达一个月的时间里连续降雨,各江河水位竞相上涨,发生了省里有水文记载以来空前未有的特大洪水。此时,作为省委第一书记、省长和省军区第一政委,欧阳钦肩负重责,在汛情严重的日子里,欧阳钦每天早晨起床后第一件事,就是让秘书挂电话了解各地汛情,他寝食难安,终日不断与省委、市委其他领导同志商讨如何缓解汛情、保护人民生命财产安全。

他召集省、市委,省、市政府,省军区和哈军工主要负责人开会,组成了由欧阳钦、冯纪新(省委书记)和张开荆(省军区司令员)组成的防汛抗洪领导小组,制定了"城乡兼顾、首先确保哈尔滨,争取保松浦"的方针。他与防汛抗洪领导小组的同志们冒着滂沱大雨,视察江北险堤,查看刚抢修完的险段。视察结束后还留在现场与有关人员共同研究运输、物资供应和通

◇1957年，中共黑龙江省委常委会（扩大）紧急会议，研究部署各地防汛工作。中间为欧阳钦，其右依次为：强晓初、冯纪新、于杰、于林、陈雷

◇省市领导人研究抗洪对策。右起：吕其恩（一）、欧阳钦（二）、林肖侠（三）、任仲夷（四）

讯联络等问题。

9月6日,松花江水位超过历史最高水位24厘米。然而,有18万防洪大军的严防死守,哈尔滨市和沿江城市乡村安然无恙。经过10多天奋战,9月17日,哈尔滨市水位终于降到警戒水位以下,洪水被制服了,全省防汛斗争取得了决定性胜利。人们欢呼着,跳跃着,欧阳钦也喜笑颜开。在总结防汛斗争的常委会议上,他激动地说:"这次防汛斗争,充分体现了人民群众的组织性、觉悟性和无穷力量;充分体现了党的领导力量、组织力量、动员力量和社会主义制度的无比优越。人民群众这种英勇斗争的精神,必将在我省防汛斗争和社会主义建设的历史上留下光辉的一页。"

为纪念哈尔滨市人民战胜1957年的特大洪水,1958年在松花江畔建成"防洪纪念塔",并成为哈尔滨市著名的标志性建筑。

◇黑龙江省委领导在防洪纪念塔前合影。左起:谭云鹤、杨易辰、冯纪新、欧阳钦、强晓初、陈雷、李剑白

第十一章　实事求是　疾风狂澜守底线

1. 在"大跃进"年代抵制极左路线

欧阳钦一生坚持实事求是,独立思考,在政治大风大浪里坚持原则,勇于抵制错误的路线和歪风邪气。

1958 年,在席卷全国的"三面红旗"政治运动里,以高指标、瞎指挥、浮夸风和"共产"风为主要特征的"左"倾错误严重泛滥开来。一开始,欧阳钦并未意识到问题的严重性,可是,当各地纷纷大放粮食高产"卫星",每天都有脱离实际的"大跃进""奇迹"出现的时候,欧阳钦意识到党的路线出现错误了。他常对干部说"省委守土有责",在人们头脑发热的时候,他坚决要求黑龙江省委不能跟风。黑龙江省一些同志要请"大跃进"和人民公社化的典型 —— 河北徐水、安国两县的同志来"传经送宝"。有关部门请欧阳钦出席"经验"报告会,他拒绝了:"粮食生产是科学,有其自然规律,产量不是无限的,怎么能想产多少就产多少,怎么能天天放'卫星'?我不去听!"在欧阳钦的阻止下,黑龙江省的粮食生产始终没有放"卫星"。他对大办集体食堂让农民都到食堂吃饭,也持反对意见,认为这样一搞,非造成浪费不可。他说:"中国人一向勤俭节约,省吃俭用,怎么能一下子来个吃饭不要钱、敞开肚皮吃饭呢? 这不是搞浪费吗?"当听到有的县正在搞黑龙江的"徐水"时,他很恼火,说:"搞黑龙江的'徐水'我怎么不知道? 现在具备向共产主义过渡的条件吗?"对"昼夜连战","冷也翻,冻也翻,十冬腊月当春天"等深翻地的口号,他批评道:"地冻了怎么翻?""'昼夜连战'还能劳逸结合吗?"当时上海的张春桥发表了一篇文章反对条件论,为这股风推波助澜的时候,欧阳钦明知这是有来头的,仍在省委常委会上公开批判这篇文章"违反辩证唯物主义,鼓吹唯心主义"。他说:"一切应以时间、地点、条件为转移,没有条件怎么能行?"

当年秋天,"钢铁元帅升帐",全国9000万人上山,"小土群"大炼钢铁烟火弥漫,黑龙江省压力很大,欧阳钦也顶不住。连省委大院里也竖起两座小高炉,干部们轮流值班,日夜苦干。全省已抽调出20万人搞大炼钢铁,钢产量要翻几番的豪言壮语还是无法兑现。正值秋收大忙季节,秋粮急待抢收。有的同志怕完不成大炼钢铁的硬任务挨批,提出再上一二十万人上山找矿石。忧心如焚的欧阳钦坚决反对,他说:"铁矿石留在山上不会烂,农民一年辛苦的粮食如不及时抢收,一场大雪下来,全捂在地里,你想大炼钢铁,没有饭吃怎么炼呢? 决不能再动员农民上山了。"

在欧阳钦的坚持下,省委明确了工作方针,使1958年的农业避免了不应有的损失。

一次省委收到五常县报告,说那里的民乐公社达到水稻亩产1000斤,欧阳钦心里不托底,便亲自去五常县调研。到了民乐公社,他一块地一块地查看,见到朝鲜族社员种的水稻谷粒饱满,经过仔细估算,这个公社平均亩产确实可以达到1000斤,欧阳钦一颗悬着的心才放下,脸上露出宽慰的笑容。

◇欧阳钦（右一）
考察农村水稻
高产田，右二为
刘思聪

◇欧阳钦（左一）考察农村，左四为刘思聪

◇欧阳钦（右三）
在水稻脱谷机
上脱稻粒，右
一为杨易辰

◇欧阳钦等考察农村。左起：李剑白（三）、欧阳钦（七）、曲长川（八）、黄葳（九）

在当时许多省份"大放卫星"的氛围下，欧阳钦实事求是的态度和对党对人民高度负责的勇气是难能可贵的。

◇欧阳钦（右一）与李剑白（右二）考察农村食品商店

在疯狂的"大跃进"年代,因为欧阳钦坚持实事求是,给全省干部的头脑逐渐降温,使黑龙江省在那些年大大减少了损失。后来的三年困难时期,黑龙江省不仅调出数额巨大的粮食,支援了全国,而且还接纳了许多来自缺粮省份的群众,解决他们的吃饭问题。

2. 庐山会议上对"批彭"持保留态度

1959年6月下旬,根据中央的通知,欧阳钦南下武昌,和其他中央领导同志一起,准备参加在庐山举行的中央工作会议。6月29日下午,毛泽东在武昌他乘坐的轮船上召集各个协作区主任开会,欧阳钦作为东北协作区主任参加了会议,毛泽东提出庐山会议上准备讨论的14个题目。上庐山后,7月2日,欧阳钦参加毛泽东召集的政治局扩大会议,最后确定庐山会议上准备讨论的题目为18个,主要是总结经验教训,调整经济发展计划指标。①

◇ 1959 年 7 月,去庐山途中,在船上与刘少奇谈话。左起:欧阳钦、刘少奇、张德生

① 《毛泽东传》,中央文献出版社2003年版,第957页。

◇1959年7月，去庐山途中，在船上与周恩来谈话。左起：周恩来、李卓然、张德生、欧阳钦

　　会议从7月3日开至10日，按六个大区进行小组讨论。会议期间，欧阳钦担任第六组组长。在讨论形势和任务时，欧阳钦说："共产风虽然刮得时间不长，但很危险。人们误认为粮食已经过关，失收的损失占10%—20%，以致有些地方发生浮肿、夏荒。"他尖锐地批评了"人有多大胆地有多大产"，"增产无限论"。他质疑说："难道没有胆子地就不打粮食了？"

　　7月14日，彭德怀针对"大跃进"以来国家出现的严重问题，给毛泽东写了一封信，供毛主席参考。7月16日，毛泽东批示将彭德怀的信印发给与会全体同志。根据毛泽东的指示，将原来按地区划分的六个小组的人员打乱，重新编组，组长不动。欧阳钦仍是第六组组长。会议《简报》记录了第六组的讨论情况，大多数人是赞成彭德怀的意见的。

　　7月23日，毛泽东在大会上讲话，指责彭德怀是向党进攻，提出的是右倾机会主义的纲领。会议紧急转向，开始对彭德怀、黄克诚、张闻天、周小舟等所谓"右倾机会主义"、"反党集团"问题进行暴风骤雨式的揭发批判。

当庐山会议的大多数与会者跟风站队、万炮齐轰彭、黄、张、周的时候，欧阳钦心情沉重且疑惑，他秉持了难得的保留态度。

李锐在《庐山会议实录》中如此叙述：作为一个组来说，只有欧阳钦任组长的第六组在 8 月 3 日的会上，批判调子仍是比较平和的。欧阳钦等人的发言，主要介绍会议的情况，没有提什么"军事俱乐部"，只是一般地批"右倾思想"、"右倾情绪"、"右倾活动"。

欧阳钦以组长身份特别提出，小组会的讨论内容，最主要的是围绕路线问题，以及调整指标的意见；还是要采取交换意见的方式，有什么讲什么，着重分析思想观点和方法立场问题，应本着毛泽东同志一再强调的"团结 —— 批评 —— 团结"的精神来进行。思想批判，要看，也要帮；惩前毖后，治病救人。会外多互相往来，自由交谈。

可是，这些比较客观、比较公允的发言，是越来越跟整个会议的气氛不相适应了。[①]

◇ 1959 年 7 月，庐山会议期间欧阳钦在庐山留影

---

① 李锐：《庐山会议实录》，《李锐文集》第八卷，香港社会科学教育出版有限公司，第250页。

◇ 1959 年 7 月，庐山会议期间，欧阳钦在庐山仙人洞留影

◇ 1959 年 7 月，庐山会议期间，在庐山含鄱口留影。右起：冯秉天、吴德、黄火青、欧阳钦、刘仁、林铁、王汉斌、龚彤宣

◇ 1959 年 7 月, 庐山会议期间, 欧阳钦(左)在庐山留影, 右为吴德

庐山会议后, 欧阳钦回到省里。常务书记强晓初心里忐忑不安, 庐山会议前一年, 彭德怀到哈尔滨视察, 他和哈尔滨市长吕其恩向彭总谈了"大跃进"的许多问题, 如"劳民伤财"、大炼钢铁和轴承化是"得不偿失"等, 事后也向欧阳钦作了汇报, 欧阳钦说要注意大方向。庐山会议上彭总受了批判, 省里会不会把自己当作靶子? 然而欧阳钦只是原原本本传达中央精神, 强调从中吸取教训, 并没有追究这些问题。有的省委领导在常委会上表示了对庐山会议的不理解, 欧阳钦也不抓辫子。

1958 年 9 月, 参加完北戴河会议后, 欧阳钦曾搭乘彭德怀的公务车一同回哈尔滨, 两人一路畅谈。庐山会议后, 欧阳钦和秘书李西木一次聊天说, 自己在庐山会议上对彭德怀没有什么可以揭发的。李说, 那次从北戴河回来, 你们一路畅谈, 难道没说什么? 欧阳钦说:"我都忘记了!"[1]

庐山会议后在全国范围内展开声势浩大的"批彭黄"、"反右倾"斗争。数百万干部、党员遭到错误的批判, 许多人被定为"右倾机会主义分子", 受到错误的组织处分。在全国大形势的高压下, 黑龙江省也存在打击面过宽

---

[1] 采访李西木记录, 2014年9月。

的问题,伤害了一些同志。1962 年,欧阳钦主动与常委们讨论如何纠正过去的错误,决定给他们甄别平反。在平反会上,欧阳钦首先向受委屈的同志作诚恳的检讨,向他们道歉,常委们也都作了检讨,受委屈的同志卸掉思想包袱,心情舒畅了。

欧阳钦在庐山会议上以及后来反右倾运动中的表现,彰显了他实事求是、独立思考、善良正直的品格。作为党的领导干部,他必须执行中央的方针和政策,但在实际工作中他能尽力抵制错误的决策,对于无法避免的1957 年的反右斗争扩大化、1958 年的"大跃进"运动和 1959 年的反右倾等全国性的政治运动,他能较早地觉察错误,勇于纠正错误,从而使黑龙江省的工作、干部和人民生活没有遭受更大的伤害。

3. 调查研究破困局谋发展

1960 年春,"大跃进"运动引发的国民经济困难愈发严重,年逾花甲的欧阳钦忧国忧民,急切地要找出破解困局、振兴全省经济的路子和办法。

是年 4 月初,欧阳钦在长春主持东北协作区委员会第五次会议后,与任仲夷、张树德等同志到大连参观几家工厂,深入了解技术革新和技术革命的情况。4 月 21 日,欧阳钦不顾旅途疲劳,伏案给黑龙江省委写一封长信。他在信中说:"必须使所有的干部都深刻了解,我们所进行的一切工作、一切运

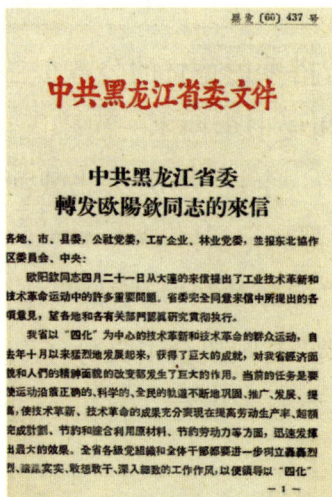

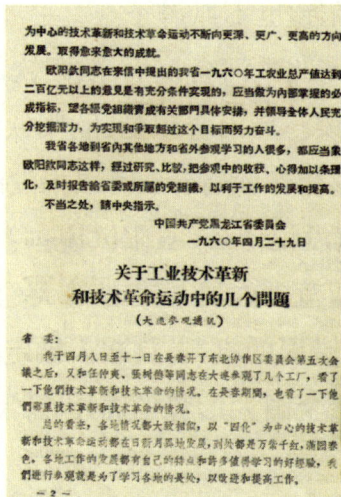

◇ 1960 年 4 月,欧阳钦在东北协作区委员会第五次会议后,去大连调查工业技术革新问题写给省委的信

动的目的,归根到底都是为了提高生产力,加速社会主义建设。…… 这是检验技术革新和技术革命运动的根本尺度"。信中就"大搞原材料,发展多种经营"、"大搞群众性的科学研究"、"调整企业管理体制"等问题提出了许多具体的设想,在此基础上提出 1960 年全省工农业总产值 200 亿元的内部掌握指标,要用"既要高瞻远瞩,又要从实际出发,深入细致;既要轰轰烈烈,又要踏踏实实;既要敢想敢干,又要进行科学分析;既要务虚,又要求实,力求实效,不务虚名"的工作作风,努力实现奋斗的目标。

黑龙江省委十分重视欧阳钦的来信,立即转发全省各市县和工矿企业并报东北协作区委员会和中央。省委同时要求全省干部"都应当像欧阳钦同志这样,经过研究、比较,把参观中的收获、心得加以条理化,及时报告给所属党组织,以利于工作的发展和提高"。

1961 年 1 月,中共中央在北京召开八届九中全会,会议批准国民经济实行"调整、巩固、充实、提高"的八字方针。欧阳钦以极大的热情,身体力行,坚决贯彻中央的八字方针。正值北国春寒料峭,他带领工作组到牡丹江地

欧阳钦同志給毛主席的信

主　席:
　　广州会議以后,我于四月中、下旬带一个工作組到黑龙江省牡丹江地区宁安县渤海人民公社进行了調查,现在剛剛結束。除了研究贯彻"六十条"、总結从互助合作到公社化的历史經驗外,对中央四月二十五日通知中列举的一批調查題目都逐項地进行了調查。回哈尔滨后,又和省委其它从乡下回来的同志交換了意見。并在哈尔滨和辽宁、吉林、黑龙江三省农业书記碰了头,对农村形势和中央提的一批調查題目逐个地进行了討論。
　　现在我把几个問題汇报如下:
　　一、现在农村形势很好。佔农村百分之九十以上的人特别是贫农、下中农都拥护"十二条""六十条";集体和个人的生产积极性普遍高漲。虽然口粮、饲料不大充足,但农民生产的勁头很足。突出的表现是多种地。渤海公社(三千六百多戶,一万五千七百多

都非常满意,他們說:"原則明确,灵活性很大,好执行"
以上如有不当請主席指示。

欧阳钦
一九六一年五月十日

◇ 1961 年 4 月下旬,欧阳钦在牡丹江地区对农村情况调研后,写给毛主席的信

区宁安县渤海人民公社调研,与基层干部和农民群众一起总结从互助组到公社化的历史经验,研究落实农村工作"十二条"和"六十条"的具体措施。回到省里,他把这次农村调研的情况写了一封长信给毛主席。在信中,他结合黑龙江省实际谈到有关农村形势、食堂、供给制、发展轻工业的看法和意见。现在看起来,这些意见对改变当时全国农村颓势,恢复农业元气都有重要的借鉴意义。

欧阳钦深知黑龙江省作为全国大粮仓的重要性,始终抓紧农村工作不放松。1962年一开春,他又带队到牡丹江和合江地区调研农业生产和农村基层工作。经过十天调研,欧阳钦写出《农村工作札记(二稿)》。他认为,当前在贯彻政策方面还存在不少问题,他就"粮食征购"、"按劳分配"、"定额管理"提出切实可行的政策和解决办法;又结合黑龙江省农业实际,重点提出发展耕畜的许多具体措施,他指出:"为了加速恢复农业,必须加强农村

农村工作札记(二稿)
（一九六二年四月十三日——二十二日）
欧阳钦

从一九六二年四月十三日至二十二日,我们先后在我省牡丹江和合江地区,对于农业生产、农村基层工作等方面工作情况进行了一些初步调查。现将接触到的材料和意见整理如下,以供研究参考。

一、农业生产问题

目前农村,由于贯彻执行"六十条"、基本核算单位下放、生产队规模调整、"种地由民"、制定计划(生产、征购)民主讨论、讲不同意见不受"辩论"、干部作风和工作方法的改进等所带来的良好效果极为显著,广大农民生产干劲比去年高,恢复生产、过好日子、建设社会主义新农村的气氛很浓厚。

农业生产的物质条件,从牡丹江、合江两地来看,在许多方面比去年好,以合江地区为例,现在农村劳动力达四十七点八万人,比去年增加四点五万人,超过一九五七年以来的历年水平,其中生产第一线的劳动力二十九万人,比去年增加二点四万人;农业机器检修的比去年好;小农具比去年略有增加;粪肥比去年增加四分之一左右,质量较好;种籽也比去年好一些;饲草、烧柴储备的比去年多;社员家庭副业(猪、禽等)有进一步的发展。这些都是一些好的情况。

— 1 —

◇ 1962年4月,欧阳钦在合江和牡丹江地区调研后,整理的《农村工作札记(二稿)》

基层工作。…… 基层是我们一切工作的基础和立脚点，党的方针政策最后要从基层工作中体现出来。基层工作好坏是检验我们领导工作好坏的一个重要标志。因此应该面向基层，加强基层，扎根于基层，不断地提高基层工作水平。"

在三年经济困难时期，欧阳钦殚精竭虑，深入基层调查研究，他的每篇信件和报告，既有详尽数据，又有精练的理论分析。这些材料体现了他一贯的文风和工作作风，也是党史的珍贵文献。

第十二章　守土报国　顾全大局赤子情

1. 顾全大局，完成国家粮食征购任务

欧阳钦一向强调要顾全大局，服从整体，并使之成为省委工作的一个重要指导思想。

1954年夏天，全国不少地区受灾，粮食大幅度减产，国家急需粮食救灾。那时，欧阳钦刚到黑龙江省，他做了一番调查，于11月召开县委书记、县长座谈会。最初大家都喊粮食紧张，省里粮食征购指标迟迟落实不了。欧阳钦讲了一次话，他深刻阐述了中央和地方的关系，粮食工作和思想工作的关系，提出要"顾全大局，服从整体，厉行节约，分担困难"。他站在全局的高度，讲得入情入理，很有说服力。县委书记们思想通了，都愉快地接受了粮食征购任务。此后这四句话成为黑龙江省处理国家和地方利益关系的总方针，多年来一直坚持。

三年经济困难时期，大饥荒在全国蔓延，经济形势异常严峻，相当多的地区发生大规模饿死人的现象。这三年中黑龙江省的情况也极为困难，粮食连年减产，1961年全省粮食供应突破了"危险线"，接着又突破了"警戒线"，很多人以苞米瓢、豆皮、稻壳磨面制造的代食品充饥。欧阳钦忧心如焚，省委一班人的主要工作就是带领群众生

产自救,度过灾荒。

在几次全国征购粮的专题会议上,周恩来总理亲自说服各地同志上缴粮食解决国家困难。欧阳钦看到周总理为了全国人民的生活,日夜操劳,心里很不安,他对同志们说:全国农业自然灾害严重,我们也受了灾,但黑龙江是全国的重要产粮区,我们应积极支援受灾更大的地区。

◇欧阳钦(左三)等在农村查看农业机械,右二为曲长川

1961 年在庐山开会,一天下午,周总理到东北组,谈形势和任务,反复强调地方要支援中央,如果出粮省不多调给中央粮食,全国日子更难过。谈到黑龙江可否多调出一亿斤粮食时,黑龙江省的同志都面有难色,讲了很多情况和不能多上调的理由,有点僵持不下。欧阳钦说:“不要讲了。当前国家困难很大,我们省是产粮省,尽管也有些困难,节约点就有了,总理的想法我接受了。”周总理十分高兴。后来证明,多调给国家一亿斤粮食,尽管加重了省里的困难,但经过大家的努力,日子还是能够过得去的。

◇1961年3月24日，参加中央工作会议途中，在南京浦口轮渡合影。左起：吴德、欧阳钦、黄火青、胡耀邦

◇1961年3月24日，参加中央工作会议途中，在南京浦口轮渡合影。左起：陈俊生（二）、李西木（三）、吴德（四）、欧阳钦（五）、黄火青（六）、胡耀邦（七）

◇东北协作区中央委员合影。左起：朱德海、韩光、欧阳钦、吴德、黄火青

◇1961年庐山会议时合影。左起：黄力（一）、黄火青（三）、欧阳钦（四）、吴德（七）、韩光（八）、朱德海（九）、陈俊生（十）、李西木（十一）

1962 年 3 月,周恩来约有关人员谈东北三省粮食问题。他说:"黑龙江已经调出 28 亿斤粮食,为国家做出很大贡献,但是全国的粮食危机仍很严重,黑龙江还要再增调 2 亿斤支援外地。"黑龙江省主管财贸、粮食的省委书记杨易辰思想不通,就与周总理争论起来,会后,欧阳钦做通了杨易辰的工作,经过全省上下一心艰苦努力,如数完成了中央交给的增调粮食任务,分担了全国的困难。①

2. 把"北大荒"建成"北大仓"

"北大荒"是指黑龙江省嫩江流域、黑龙江流域和三江平原的广大荒芜地区。半个多世纪以前,这里荒野茫茫,人烟稀少,森林茂密,沼泽遍布,林间野兽出没,低空百鸟飞翔,故称"北大荒"。

朝鲜战争结束后,大批铁道兵复员转业,官兵需要安置就业。1955 年 8 月,王震向中央提出"寓兵于农、屯垦戍边"的建议,中共中央决定以军队屯垦方式开发北大荒。从 1955 年到 1958 年铁道兵先后有九个师的十万复员转业官兵开进了一望无际的荒原。欧阳钦积极向干部们宣传开发北大荒对于发展我国农业、巩固和建设边疆的重要战略作用。他高兴地说:"'北大荒'要变成'北大仓'了,唤醒千年沉睡土地的人应该给他立碑。"他要求各地从各方面对农垦工作大力支援。全省各地向垦区提供了大量的粮食、木材、农药、农机具、日常品等必需物资;输送了许多大专毕业生和农业干部;有关科研部门、大专院校的专家,也纷纷参加了对荒原的勘测、规划和设计;建设和交通部门、商业、邮电部门、文教卫生部门都为建设北大仓作出了贡献。②

由于北大荒人的艰苦奋斗和地方上的大力支持,短短几年间,上千万亩亘古荒原变成了肥沃的良田,近百个大型机械化农场在北大荒建立起来。

1961 年,垦区遭受了严重灾害。在最困难的时候,欧阳钦来到垦区看望干部、战士,送去了党的关怀和温暖。他在国营农场工作会议的讲话里引用

---

① 《杨易辰回忆录》,中央文献出版社1996年版,第112页。
② 张林池:《北大荒的思念》,《回忆欧阳钦》,中共党史出版社1992年版,第281页。

◇1955年6月14日,友谊农场举行场址奠基剪彩。省长韩光(中)为奠基仪式剪彩,
后排站立右三为欧阳钦

◇1955年6月14日,友谊农场举行场址奠基,右起:友谊农场场长王操犁(二)、
欧阳钦(三)、韩光(四)在奠基仪式上挥锹破土

◇1955年6月14日，友谊农场奠基剪彩后与苏联专家合影，左起：王操犁（三）、欧阳钦（五）、韩光（八）、李治文（十）

◇1958年，王震（中间坐者）与军垦战士合影

◇开发"北大荒"初期，军垦战士住的草窝棚

《左传》"筚路蓝缕，以启山林"的成语，高度评价了农垦战士披荆斩棘艰苦创业的献身精神，鼓励垦荒战士去战胜眼前的困难。根据欧阳钦的建议，这一年省里不但没有向垦区征粮，反而拨去了大批粮食，帮助农场渡过难关，他还提议让地方干部参与垦区的领导工作。这对协调双方关系，加快开发北大荒起了很好的作用。

◇欧阳钦等考察农场畜牧业。左起：李剑白（一）、欧阳钦（二）、刘思聪（四）

◇欧阳钦等考察农场畜牧业。右起：陈剑飞（二）、李剑白（三）、欧阳钦（五）

◇1959年，在黑龙江农业展览会上。左起：吕其恩（一）、李范五（三）、欧阳钦（五）

◇欧阳钦在田间查看玉米长势

现在北大荒真正成了北大仓,成为国家重要商品粮基地。王震曾撰文称:"抚今追昔,当年开发北大荒的数十万官兵和职工,都不会忘记欧阳钦同志的宝贵支持。在北大荒的史册上,将永远镌刻着欧阳钦的名字。"[1]

3. 大庆石油大会战

1959 年 9 月 26 日,黑龙江省肇州县大同镇的松基 3 井喷油了,松辽石油勘探局黑龙江大队的领导立即前往哈尔滨向黑龙江省委报捷。省委正在开常委会,欧阳钦立即宣布休会,他和常委们仔细观看摆在地毯上的大玻璃瓶,那里面装着从地下 1000 米处喷出的原油。欧阳钦问:"是真的吗? 能点着吗?"报捷的同志用纸条蘸了点原油,用火柴点着了。大家兴奋地鼓掌,欧阳钦激动不已,说:"日本人统治东北 14 年,疯狂掠夺我们的资源,幸好没有发现我们这里有油。如今,我们在党中央毛主席领导下,把埋藏地下这么深

---

① 王震:《顾全大局,为国为民》,《回忆欧阳钦》,中共党史出版社1992年版,第2页。

的宝藏——石油开采出来了,这是一件具有战略意义的大好事。石油对于国家的工业化、农业机械化都有着极其重要的意义。我们黑龙江一定要全力以赴,和石油职工一起,做好石油勘探工作。"

油田还没有名字,常委们七嘴八舌议论着起个啥名字好。欧阳钦思前想后,引用了东北民歌"大庆子",风趣地说:"人家老百姓家添了个孩子都高兴得不得了,起个名字'大庆子'。现在正好是建国十周年大庆的时候发现了这个大油田,我看就叫'大庆'吧!"常委们都表示赞成。从此,"大庆"这个名字随着乌黑的原油汹涌喷出地面,传遍了全中国,传遍了全世界。[①]

建国十年大庆活动结束后,11月7日,欧阳钦和李范五、强晓初、李剑白、陈剑飞等黑龙江省党政领导从哈尔滨赶到大同镇。在听取松辽石油勘探局负责同志的工作汇报之后,他们又亲临松基3井和刚刚开钻不久的葡1井井场,亲切慰问了石油职工。11月8日,在大同镇召开的庆祝大会上,欧阳钦向石油职工和当地干部、群众发表了热情洋溢的讲话。12月,周恩来总理来哈尔滨主持东北协作区会议,强调加强大庆油田开发。

◇ 1959年11月,欧阳钦(左二)与李剑白(右二)在大庆视察

① 《杨易辰回忆录》,中央文献出版社1996年版,第191页。

◇ 1959 年 11 月，欧阳钦（前排右四）在大庆视察，观看钻井喷油

◇ 1959 年 11 月，欧阳钦（右三）等在大庆视察，了解钻井情况。左二为陈剑飞，右二
　为李剑白

◇1959年11月，欧阳钦等在大庆视察。左起：李剑白（一）、陈剑飞（三）、欧阳钦（四）、刘思聪（五）

1960年2月，大庆石油大会战正式开始。欧阳钦主持召开了省委常委扩大会议，讨论研究支援石油会战的问题，作出了"全力以赴，全面支援，统筹兼顾，全面安排"的决议，成立了以省委常务书记强晓初为组长的"支援石油会战领导小组"。欧阳钦说："这个机构就是石油会战的后勤部，我来给余秋里当这个后勤部的政委。"他调兵遣将，与余秋里、康世恩等石油会战的领导保持沟通，征求意见，他说："石油、黑龙江是一家，凡是黑龙江能解决的，就地拍板解决，不能解决的也要想办法解决，省里的决心就是保证大会战的顺利进行。"

◇ 1959 年 11 月，欧阳钦（右二）与李剑白（右一）在大庆视察，观看钻探矿样

◇ 1959 年 12 月，欧阳钦（右一）出席由周恩来总理（中）主持的东北地区协作会议。
周恩来总理强调实现四个现代化，要加快开发大庆油田

1960 年 2 月以后,37 路会战队伍汇集到"青天一顶,草原一片"的大庆一带。正值三年困难时期,每人每月只有 15 斤口粮定量,那时省里的粮食储备也到了"危险线"。省委认为,粮食确实困难,宁可我们挨饿,也要支援石油会战大军,决定在粮食定量之外,每月再给大庆调拨 7.5 万公斤粮食。后来,由于会战职工体力消耗过大,粮食还是不足,不少单位以野菜代食,前线工人出现了 4000 多名浮肿病患者。欧阳钦听到这个消息,非常焦急,彻夜难眠,在千难万难当中,省委再次决定给会战职工每人每月增加 3 斤黄豆。

艰苦卓绝的大会战进行了七个月后,又面临几万人如何度过严酷冬季的问题,如果解决不了,就得全面停工。油田和省委领导苦苦思索,欧阳钦对余秋里说:"我想了很久,有一种办法,就是搞东北老乡那种'干打垒',这种房子一可以就地取材,二可以人人动手,三可以节约木材,四是冬暖夏凉。"于是油田专门成立了干打垒建设指挥部:省里派来技术员,为了度过会战的第一个冬天,会战的职工和家属一齐上阵,建起了 30 多万平米的"干打垒"。

在各种物资极为匮乏的年代里,欧阳钦领导全省人民节衣缩食,把油田

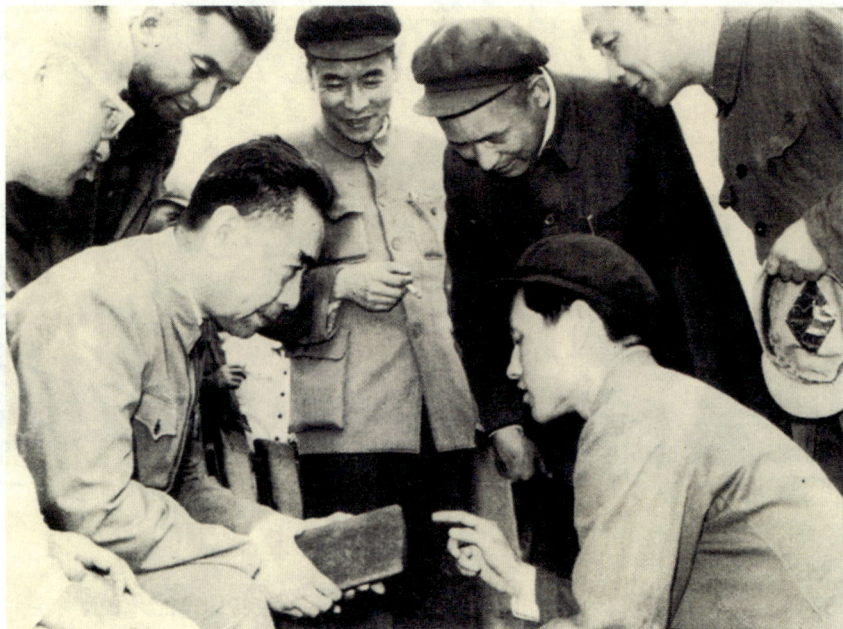

◇ 1962 年 6 月 21 日,周恩来视察大庆

急需的粮食、蔬菜、副食、帐篷、汽车等源源不断地运往会战前线,动员了大批医务人员、筑路工人、机修工人和电力工人到油区支援会战,谱写了中国工业的一面红旗——大庆油田腾飞的壮丽篇章。

◇ 1964 年 7 月 17 日,邓小平(右二)视察大庆,左二为王进喜

◇石油部部长余秋里
(左一)在大庆石
油会战现场

　　大庆所在地萨尔图"红色草原牧场"是我国畜牧业和奶制品的重要生产基地。可恰恰在这块宝地下发现了宝中之宝 —— 石油,随着一口口油井、一座座泵站和油库建设起来,油田和牧场的矛盾和争执不断发生。欧阳钦为此专门召开常委会议,他说:"'牛'一定要给'油'让路,要做思想工作。"欧阳钦亲自找有关部门做思想工作,省委再次重申,宁可牺牲"牛"也要确保油。为了确保大庆油田的开发建设用地,1963 年 5 月 13 日,省委、省政府决定将"红色草原牧场"所属的四个分场从油田陆续迁出,把一大片草原交付油田使用,"牛"给"油"让路的决定,保证了大庆油田建设的顺利进行。

◇欧阳钦(右一)视察安达县红色草原牧场

◇欧阳钦（左二）与李剑白（左一）视察安达县红色草原牧场

4. 支持哈军工的建设

1953年9月，我国第一所多军兵种综合型国防高科技学府 —— 哈尔滨军事工程学院在哈尔滨正式开学。

哈军工自创建之日起一直得到黑龙江省委和哈尔滨市委的大力支持。欧阳钦和哈军工院长陈赓是大革命时期的老战友，他出任省委第一书记后，哈军工与省委的关系更加密切了。陈赓在学院的时候，常去省委看望老战友欧阳钦，有许多工作请他支持和帮助。1955年11月，哈军工为军官授衔，陈赓特地请欧阳钦参加授衔典礼。

军工学院建设规模大，速度要求快，在当时机械化施工条件很差的情况下，任务极其艰巨。欧阳钦非常关心学院的建设，主动询问工程进度，帮助排忧解难，经过学院的努力和省市委的大力支持，工程都如期或提前完成。

哈军工是哈尔滨的"大户"，师生员工加上家属共两万余人，衣食住行

◇1955 年 11 月,在哈尔滨友谊宫,陈赓大将宣布哈军工将校军官授衔命令。
前排左起:欧阳钦、陈赓、刘居英、苏联首席顾问奥列霍夫,后排谭云鹤

都需要省、市的帮助,哈尔滨冬季严寒而漫长,烧煤吃菜是两大难题。特别是在三年经济困难时期,这个问题就更加突出了。在欧阳钦的关心下,省委一面组织社会力量,尽量满足军工烧煤吃菜的要求;一面在哈尔滨郊区和阿城县,拨给土地,由学院办了两个农场,种粮种豆,养猪养鸡,补助供给,保障了哈军工教学的正常进行。欧阳钦亲自过问哈军工的生活供给,有点好吃的总惦记着哈军工。有一次,省里弄到一批咸鱼,他马上批给哈军工 15 吨。

欧阳钦非常关心哈军工的发展,熟悉学院各方面的情况,每逢中央领导到黑龙江视察,他都主动介绍哈军工的情况。1957 年 5 月朱德委员长视察哈军工,1959 年 12 月周总理视察哈军工,他都全程陪同。1958 年 8 月底,彭德怀到哈尔滨视察哈军工。欧阳钦想去看望彭老总,汽车开到哈军工大门,被大门口的卫兵挡驾。卫兵只认证明信不认人,欧阳钦只好打道回府。回到家里,他给哈军工政治部主任张衍打电话,问:"彭老总住在你们军工,

◇ 1957 年 4 月 24 日，朱德视察哈军工，对全院同志讲话。左起：刘居英、朱德、张衍、黄敬、欧阳钦

◇ 1957 年 4 月 24 日，朱德视察哈军工。前排左起：刘居英（一）、徐立行（二）、欧阳钦（三）、朱德（四）、苏联代理首席顾问格瓦廖夫（十）

我去看看行不行啊?"张衍说:"当然可以,欢迎欧阳书记随时来。"欧阳钦
笑道:"可你们卫兵说什么也不让我进啊,我已经回来了。"欧阳钦平易近人,
自觉遵守卫兵制度的故事成为哈军工历史上一个脍炙人口的典故。

◇ 1959 年 12 月 23 日,周恩来
视察哈军工炮兵工程系。左
起:贺振新、欧阳钦、周恩来、
谢有法

◇ 1959 年 12 月 23 日,周恩来视察哈军工空军工程系。左起:
欧阳钦、强晓初、周恩来、唐铎、黄火青、余秋里

◇ 1959 年 12 月 23 日，周恩来视察哈军工空军工程系。左起：欧阳钦、纪士坪、陈怡、刘居英、周恩来、唐铎

　　为了加强学院与地方的关系，多了解地方情况，省委及省、市人代会选举均照顾到哈军工，有哈军工的领导担任省委委员和人大代表，每当中央召开重要会议，省委组织学习，都请学院派人参加，省委党校学习也分配名额给学院党委。[①]

①　刘居英、谢有法等：《欧阳钦同志关怀军事工程学院建设》，《回忆史料》，国防科技大学内部资料，第159页。

许多哈军工学员还记得省委请他们吃面条的事。那是1959年7月1日，省委通知哈军工，邀请部分学员参加建党纪念日座谈会，欧阳钦与学员们亲切交谈，勉励大家继承党的光荣传统，艰苦奋斗，为人民服务，做好革命事业的接班人。会后吃面条，他说：我们吃面条，一起过党的生日。饭后观看刚刚上映的新电影《万水千山》。十几年后晓明听说这件事，问起父亲，他说：那是困难时期，给孩子们打个牙祭。

◇欧阳钦与哈军工学员同车回哈。左起：叶选宁、宋勤、欧阳钦、董良羽、南新果

第十三章　北疆迎宾　领导友人访龙江

1. 邀请刘少奇主席考察林业

1961 年初，在省委的一次常委会上，欧阳钦说："我早就想邀请刘少奇主席来黑龙江看看，少奇同志已经答应了，可是由于工作忙，一直没能来。他给我写过一封信。"说罢，欧阳钦把信递给省长李范五等常委同志传阅。刘少奇的信写道：

欧阳钦同志：

前曾约定到东北看看，因最近感冒，恐难于适应东北气候，故改向西南行。以后有机会，当到你处一行，特此奉告。

　顺致

敬礼

刘少奇

1961 年 4 月 7 日

是年五六月份，刘少奇去湖南农村调查，在宁乡老家住了几天。欧阳钦是刘少奇的湖南宁乡老乡，两人的老家相距不过 30 公里。刘少奇结束在湖南的考察后，就准备到黑龙江。欧阳钦得到通知后召开常委会，他说："这次刘少奇同志来黑龙江省,主要是视察林业,我们一定要做好接待工作。李范五同志是老林业部长,专管林业的,就由你负责陪同少奇同志到林区吧。"

7月18日,刘少奇一行到达哈尔滨,欧阳钦和李范五一起向刘少奇汇报了黑龙江省的情况,欧阳钦说:"前几年我们的头脑虽然也有些发热,但还热得不那么厉害。"刘少奇说:"那几年别人发疯的时候,你们没有那么发疯,当然,你们一点不发疯那是不可能的,发一次可以总结教训。没有一个人违犯了客观规律而不受到惩罚的,不管你是什么人。"①

之后,刘少奇在欧阳钦和李范五的陪同下视察了汽轮机厂,在李范五陪同下乘专列视察伊春、牡丹江、佳木斯等地。在考察伊春林业时,刘少奇说:"我们国家要后继有人,也要后继有林,给后代留下一片片青山。"他挥毫写下"充分利用森林资源,尽可能满足国家和人民群众各方面的需要"的题词,这成为黑龙江林区工作的指导思想。

刘少奇出席了林业部在哈尔滨召开的东北、内蒙林业工作会议,一些林业发展的重大问题在会上得到解决。

刘少奇的林区之行前后近20天,这次视察是共和国林业发展史上的一件大事。欧阳钦说:

◇ 1961年7月,刘少奇冒雨在伊春林区视察。左起:李范五(一)、王光美(三)、刘少奇(四)

---

① 《李范五回忆录》,中央文献出版社2012年版,第339页。

"国家主席用这么长时间视察林业,我们要学习刘少奇同志重视林业的精神。"同时,欧阳钦顾全大局,心胸坦荡,用人所长,发挥省委班子里每个人的作用,也给刘少奇留下深刻的印象。

◇1961年7月,刘少奇视察东北林区。左起:李剑白(二)、刘少奇(六)

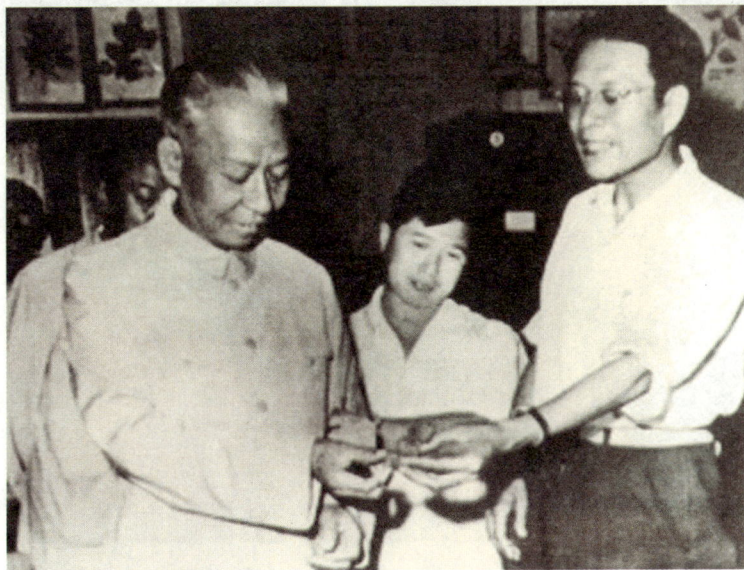

◇1961年7月,刘少奇(左)在东北林学院视察听取周重光教授(右)介绍培育树苗情况

2. 中央领导视察黑龙江

欧阳钦在黑龙江工作期间,多位中央党政军领导同志曾到黑龙江省视察工作或休假,他们对黑龙江的各项工作给予了充分的肯定。

在接待中央领导视察访问时,欧阳钦不搞兴师动众,前呼后拥。1958年9月,邓小平、李富春、杨尚昆等中央领导来黑龙江视察,他没有去机场接送,派常务书记强晓初全程接待,但是每天晚上要通话一次,主要是强调安全保卫;周总理到黑龙江视察两次,他都没有去车站机场迎送,由常务书记或主管书记负责全程接待;1961年7月刘少奇考察林区,也是由主管林业的书记李范五陪同。欧阳钦实事求是,朴素实在,作风正派,处处以工作为重,成为黑龙江省党政干部的好榜样。

◇ 1961 年 8 月,欧阳钦(中左)陪同刘少奇(中)在哈尔滨接见省六级干部代表

◇1962年6月，周恩来在哈尔滨考察，与黑龙江省委委员合影。左起一排：李剑白、黎玉、冯纪新、邓颖超、张开荆、欧阳钦、王一伦、赵去非、李瑞；二排：吕其恩、杨易辰、王震、周恩来、李范五、王鹤寿、解云清；三排：魏振武、谭云鹤、廖鲁言、张世军、陈雷、陈剑飞、陈元直

◇1957年4月，朱德到黑龙江视察，接见省军区干部。前排右起：朱德（一）、欧阳钦（二）、张开荆（三）

◇1964年7月,中央参观团视察黑龙江,在北方大厦前与省委工作人员合影。
左起一排:杨易辰(二)、李范五(五)、杨尚昆(六)、宋任穷(七)、欧阳钦(八)、
邓小平(九)、李富春(十)、薄一波(十一)、王一伦(十二)、任仲夷(十三)、
陈雷(十五)、于杰(十六)

◇1964 年 7 月,中央参观团视察黑龙江,在花园邨宾馆内与省委常委合影。左起一排: 李范五(一)、宋任穷(二)、李富春(三)、邓小平(四)、欧阳钦(五)、薄一波(六)、杨尚昆(七);二排: 谢福林(二)、谭云鹤(三)、于杰(四)、王一伦(五)、陈雷(六)、李瑞(七)、张厘(八);三排: 任仲夷(一)、王操犁(四)、陈元直(五)、杨易辰(六)、吕其恩(七)、张瑞麟(八)、陈剑飞(九)、解云清(十二)

◇1960 年 11 月,贺龙元帅率领中国军事友好代表团赴朝鲜民主主义人民共和国访问归来,在哈尔滨花园邨宾馆与省委领导合影。左起一排: 王平(一)、杨勇(二)、刘亚楼(三)、强晓初(四)、郝治平(五)、罗瑞卿(六)、欧阳钦(七)、贺龙(八)、薛明(九)、李范五(十)、陈锡联(十一)、任仲夷(十二)、肖向荣(十三)、周希汉(十四)

3. 重视外事，与邻国边境地区友好往来

　　欧阳钦非常重视外事工作，作为边疆省份，黑龙江省严格执行国家的外交路线，与苏联远东边疆地区保持正常的友好关系，双方党政代表团经常互访。

◇ 1959 年，在黑龙江省委会议室，欧阳钦（左）与来访的苏联阿木尔州代表团成员热烈握手

◇ 1959 年，在黑龙江省委办公大楼前，省委全体人员与苏联阿木尔州访问团合影。一排左起：冯纪新（二）、任仲夷（五）、李范五（七）、欧阳钦（九）、强晓初（十一）、杨易辰（十四）；二排左起：陈元直（一）、张恒轩（二）、王也甲（三）、林肖侠（六）、王一伦（七）、陈雷（八）、李剑白（九）、于林（十）

◇欧阳钦（前排左四）陪同苏联访问团参观工厂

接待罗马尼亚党政领导人访问黑龙江省。

◇ 1964 年 10 月，欧阳钦陪同李先念欢迎以杨·格·毛雷尔为首的罗马尼亚党政代表团访问哈尔滨。前排右起：欧阳钦（一）、李先念（三）、李范五（四）、任仲夷（五）

与朝鲜保持友好往来关系。

◇1963年11月，欧阳钦参加中共东北局赴朝鲜访问团，在平壤与金日成合影。
一排左起：吴德（二）、欧阳钦（三）、金日成（四）、宋任穷（五）、崔庸健（六）、
黄火青（七）；二排左起：郝德治（三）、宋克南（四）；三排右起：李西木（二）、
朴成哲（三）

◇1964年9月，欧阳钦（右二）陪同朝鲜首相金日成（左一）参观哈尔滨工厂

◇ 1963 年 7 月 17 日，哈尔滨群众夹道欢迎朝鲜崔庸健委员长访问黑龙江省。敞篷车上左起：周恩来、崔庸健、欧阳钦

◇ 1963 年 7 月 17 日，哈尔滨人在北方大厦门前夹道欢迎朝鲜崔庸健委员长访问黑龙江省

第十四章 政通人和 开明忠厚"老班长"

1. 重视党的建设和思想政治工作

在长期革命实践中,欧阳钦深深知道政治路线和政治工作对革命成败的影响。中国共产党转变为执政党之后,欧阳钦认为和平建设时期更要重视党的建设和思想政治工作。合省之初,他在干部会上就提出:提高思想,改进作风,是保证完成我们各项工作任务的不可缺少的最为重要的条件。

1956年在八大一次会议上,欧阳钦专门就加强党的领导问题作了大会发言。会间休息时,毛泽东见到他,说他讲得好。1958年在黑龙江省委一届八次会议上,欧阳钦提出省委及各级党组织要把思想政治工作放在第一位,并提出省委各项工作的顺序为"思、农、工、商及其他",这个摆法得到与会同志们的一致赞同。

欧阳钦历来重视报纸,他说:"省报是党的'喉舌',是'党手中的强有力思想武器'。"因此,省委常委常根据形势出题目,指定专人写社论。省委工作再忙,重要社论也要安排在常委会上讨论,使党报准确地传达省委的指导思想。他每天都认真阅读当天报纸,发现问题,就及时给报社打电话,对省报的重要稿件也亲自仔细审阅。

　　1961年，为了总结"大跃进"的经验教训，省委和省政府的主要领导干部组建了学习马列主义理论的中心学习组，欧阳钦自任组长，学习气氛热烈，态度认真，有时为了一个问题争论得面红耳赤。欧阳钦经常把自己的见解提出来，让大家共同商议。"价值规律是个伟大的学校"，"违背经济规律和自然规律必受惩罚"，这是欧阳钦在学习中反复强调的两句话，也是他反思"大跃进"运动失败得出的深刻体会。

　　省委一班人努力学习理论，也带动了全省的学习运动，1958年以后到1966年"文化大革命"之前，全省各行各业成千上万人都投入学哲学用哲学的群众运动中，涌现出一大批学理论积极分子。欧阳钦热情支持群众的学习积极性，他曾经亲自到道里五金商店，参加该店职工的班前学习。同时，认真总结和推广群众的学习经验。

◇欧阳钦（右三）与青年在宿舍交谈

◇欧阳钦（中）参
加群众集会

◇欧阳钦（前排右四）与青年们走在大路上

◇欧阳钦（右三）
与青年座谈

2. 忠厚长者的民主作风

在省委领导班子里欧阳钦是资历最深、年纪最大的"老班长",他以身作则,尊重班子成员的意见,重大问题总是拿到会议上集体讨论研究。他主持常委会,同志们可以坦率的发表意见,允许讨论争论。一旦作出决定,就放手让大家去贯彻执行,领导班子每个成员大胆主持各自分管的工作。工作中出了什么问题,他都主动承担责任。

黑龙江省委秘书长、后来任省委候补书记的谭云鹤曾经深情撰文:1955年,关于国营大企业实行"一长制"还是"党委领导下的厂长负责制"讨论时,我同欧阳钦有过激烈的争论,第二年中央下文,决定实行党委领导下的厂长负责制,肯定的是欧阳钦的意见,之后我和欧阳钦闲谈说到那一次我态度不好,意见也是不对的,欧阳钦一笑置之,说:中央还没有决定前,征求意见,各人可以讲各人的意见嘛!类似的争论有过几次,但在1964年10月,在他提议下,把我从常委、秘书长提为省委书记处候补书记。因为他为人正直,党性强,民主作风好,所以我同欧阳钦这位老前辈的私人关系也是非常好的,他很信任我,放手让我工作,我对他也是无话不谈,有意见就提。①

黑龙江省的干部评价欧阳钦是"嘴硬心暖"的老领导。杨易辰的总结最有代表性:"欧阳钦批评人很凶,有时使人接受不了,但是他对干部算小账、算零账,不算总账,不背地整人,使干部工作起来没有后顾之忧,他是'其势汹汹,其心融融'啊。"

在这位"老班长"的领导下,黑龙江省委班子成员心情舒畅,团结奋进,充满活力。

---

① 谭云鹤:《欧阳钦同志,我永远怀念您》,《回忆欧阳钦》,中共党史出版社1991年版,第317页。

◇ 1956 年 7 月 6 日 中国共产党黑龙江第一次代表大会主席团全体同志合影。
左起一排：李昌（五）、张开荆（六）、于杰（七）、王鹤峰（八）、冯纪新（九）、
欧阳钦（十）、王一伦（十一）、杨易辰（十二）、李剑白（十三）、李延禄（十四）、
于天放（十五）；二排：陈雷（三）、任仲夷（六）、李治文（十一）、常一彬（十三）
陈元直（十四）、吴琳涛（十六）

◇ 1960 年 3 月，中共黑
龙江省第二届党代会
选举。右起：欧阳钦、
杨易辰、陈雷、于杰

◇东北三省党政领导人合照。前排左起：栗又文、欧阳钦、吴德、黄火青

◇ 1961 年，中共黑龙江省委常委合影。左起：任仲夷、陈剑飞、王一伦、张瑞麟、
冯纪新、解云清、欧阳钦、李瑞、李范五、谭云鹤、杨易辰

◇ 1960 年 11 月，东北局第一次全体委员会议后合影。左起：白潜（二）、周桓（三）、强晓初（四）、吴德（五）、喻屏（六）、欧阳钦（七）、李范五（八）、宋任穷（九）、冯纪新（十）、马明方（十一）、王新三（十二）、黄火青（十三）、倪伟（十四）、关山复（十五）

◇ 1960 年 11 月，欧阳钦在东北局第一次全体委员会议上。左起：黄火青、喻屏、欧阳钦

◇ 1960 年 9 月，中共中央决定在沈阳建立东北局，调黑龙江省委部分干部前往工作，临行前，欧阳钦与省委常委、正副秘书长及各部委负责同志在和平邨合影留念。前排左起：于林、胡立教、张林池、陈一凡、王一伦、强晓初、欧阳钦、李范五、冯纪新、王鹤峰、李剑白、陈雷、范子文、倪伟；后排左起：李西木、张向凌、王操犁、冯秉天、李治文、刘思聪、解云清、邹问轩、谭云鹤、王树棠、张树德、吕其恩、冯仲斌、白汝瑗

3. 把老百姓放在心上

1954 年 12 月间，欧阳钦去齐齐哈尔视察工作，列车到齐市之前，齐市同志紧急汇报说："几万名山东移民把政府包围了，正在闹事。原因是我们在山东的宣传工作夸大其词，说东北这里是楼上楼下、电灯电话。但是移民来了一看，只有荒地草房，气候又这么冷，就一起来找政府了。"当时齐市领导很担心，准备动用军队。

欧阳钦听完汇报，心平气和，执笔起草了一份《告山东移民书》，迅速印刷了几万份，如实介绍了当地情况，说明这里需要山东移民参加建设。最后给出政策，来去自由，愿意回去的发足路费。结果迅速平息了这一事件。

三年经济困难时期，黑龙江省在收购生猪的政策上出现偏差，有关部门主张每向农民收购一头猪，只给农民留下一只腿（四分之一）；欧阳钦则主张每向农民收购一头猪，应当给农民留一头自己食用，以调动农民养猪的积极

◇欧阳钦（右一）下乡调研时与农民交谈，右二为李景和

◇欧阳钦（中）考察农村托儿所

◇欧阳钦乘船沿着黑龙江边境考察。前排左起：李西木（二）、欧阳钦（三）；
后排右起：韩亚民（二）

◇欧阳钦在黑龙江边防站考察。右起：林肖侠（一）、王操犁（三）、欧阳钦（四）、
边防站站长（五）和副站长（六）

◇欧阳钦视察黑河地区，工作结束后与地方司机合影致谢。左起：张林池（一）、欧阳钦（三）、王操犁（四）、林肖侠（六），持花者为司机

性。他说在完成国家任务的同时，必须从广大农民群众的切身利益着想。实践证明，他的意见深受农民群众的欢迎。

在同一时期，在欧阳钦的支持下，哈尔滨市试行开放自由市场，平日看不到的鱼肉蛋副食和蔬菜魔术般地出现了，市场一活跃，人民生活改善了，城乡群众都高兴。可惜好景不长，中央有关部门禁令一下，不仅自由市场不准开，连欧阳钦赞成的私人小商铺、小饭店也关门大吉。①

欧阳钦以真心实意和满腔热忱结交了许多工农群众和知识分子朋友。

1963年12月，哈尔滨玻璃厂的年轻工人张太斌奋勇爬上炉顶，排除火灾险情，保住了国家财产和工人们的安全，自己却不幸被烧成重伤。欧阳钦闻讯，立即要求各有关部门尽一切努力，一定要救活、治好张太斌。1964年

---

① 任仲夷：《欧阳钦同志永远活在我们心中》，《回忆欧阳钦》，中共党史出版社1991年版，第264页。

◇欧阳钦（右三）、任仲夷（右一）、王军（右二）、吕其恩（右四）和张太斌全家合影

春节，欧阳钦到医院看望张太斌，高度赞扬他的英勇行为。欧阳钦指示送张太斌去北京治疗，还亲自去送行。一次欧阳钦到京开会，委托秘书带着营养品三次到医院看望。1965年春节，欧阳钦亲自登门给张太斌全家拜年，询问了他的伤势和治疗情况。临走前，欧阳钦和张太斌全家合影留念。

全国农业劳动模范吕和是一位先进农民典型，欧阳钦对他关怀备至，曾下乡登门看望，促膝谈心，给予勉励。

欧阳钦很关心在他身边工作的同志的成长，在他的鼓励和帮助下，有的警卫员和勤务员从一字不识的文盲成长为学有专长的大学生。

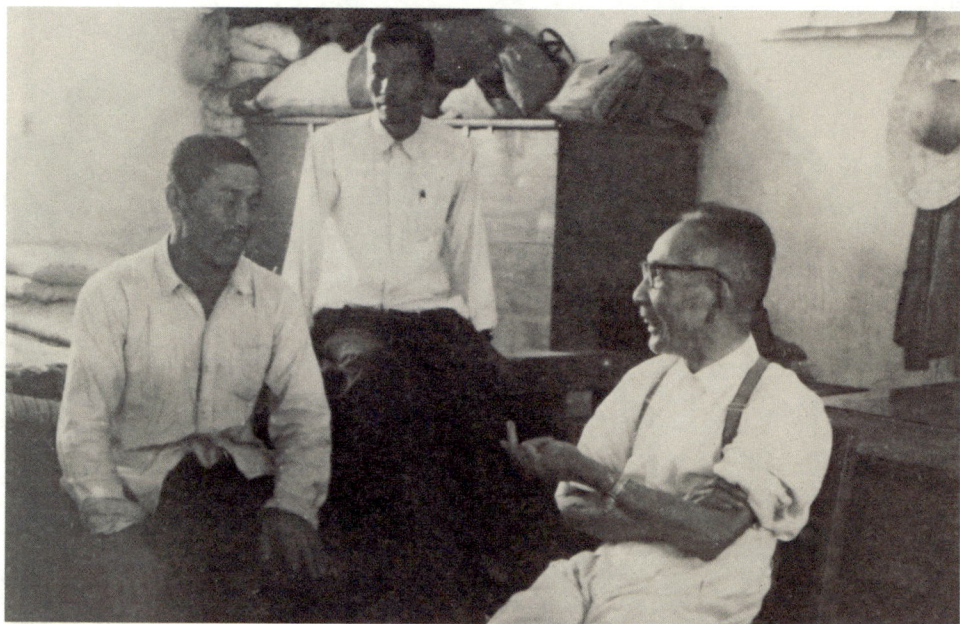

◇欧阳钦（右）与全国劳动模范吕和（左）在家里交谈

◇欧阳钦（右）与全国劳动模范吕和（左）在田间交谈

在黑龙江工作时期,每逢春节,欧阳钦都要把身边工作人员及他们的家属请到家里来聚餐和联欢,这成为惯例,也是家里一年中最丰盛的一顿饭。不管是省委书记还是锅炉工,是首长还是战士,大家欢聚一堂,犹如一个幸福的大家庭。一群孩子要给大人表演节目,欧阳钦必定要讲话,他对大家说:"我们职务岗位虽有不同,但都是为了一个革命目标聚到一起的,都是平等的革命同志,虽然每个人都是做平凡的工作,但是都是为了不平凡的事业。"

◇ 1963年10月,欧阳钦、李范五在驻地院里与警卫战士合影。一排左起:黎侠(三)、李范五(四)、欧阳钦(五)、晓明(六)、黄葳(七),二排左起:晓光(一)、陈俊生(三)、李景和(四)、唐凤岐(十二)

第十五章 繁荣文化 情系美丽黑龙江

1. 建设"文风鼎盛、文艺繁荣"的黑龙江

1956 年 4 月,欧阳钦主持召开全省文教工作会议,提出:在进行经济建设的同时,必须与之相适应地进行文化建设,使两者互为保证,互相促进。必须贯彻中央指示,切实给知识分子信任与支持,给他们以必要的工作条件和适当的待遇。把黑龙江建成"文风鼎盛、文艺繁荣"的地方。

在他的倡导支持下,黑龙江省几次到关内招聘各种人才,争取北京、上海等地支援,着手黑龙江大学的创办工作。他与省委领导同志一起,经常会见全省工业、农业、科技、教育、文化各界的专家、教授,具体了解情况,指导工作。他与科学家肖步阳、作家丛深、曲艺表演艺术家李维信和于世德、京剧表演艺术家梁一鸣和云燕铭、歌唱家郭颂和李高柔等都有交往,当他们事业取得成就,为黑龙江省、为国家争得荣誉后,他都会亲切会见,有时设宴招待。他十分爱惜这些人才,在三年困难时期,他特意请杨易辰批一些副食、糖、豆、烟及细粮等给文艺战士,设法保证他们的基本生活。

◇1958 年，欧阳钦参观群众画展

◇1964 年，欧阳钦观看话剧《千万不要忘记》，演出后会见演员。左起：冯纪新（一）、李范五（二）、欧阳钦（四）、王一伦（七）、马俊（八）、任仲夷（十）

◇1959 年，欧阳钦审查为纪念建国 10 周年出版的《黑龙江画册》书稿。左起：吕其恩（二）、欧阳钦（四）、强晓初（五）、张瑞麟（六）、于林（七）

◇1959 年，欧阳钦审查为纪念建国 10 周年出版的《黑龙江画册》书稿。左起：李瑞（一）、张瑞麟（二）、陈雷（五）、李西木（六）、程晓侯（七）、欧阳钦（八）、强晓初（九）

◇1960 年 11 月，广西民间歌舞剧团在哈尔滨工人文化宫演出大型歌舞
　剧《刘三姐》，欧阳钦观看后接见演员

◇1963 年，欧阳钦（右一）
　陪同董必武（右三）、周
　扬（右二）观看话剧《霓
　虹灯下哨兵》演出后接
　见演员

◇欧阳钦（左一）观
　看文艺演出后接
　见演员

　　著名女高音歌唱家张权被错划成右派,1961年春,从北京下放到黑龙江省歌舞团。在哈尔滨受到热情接待,市长吕其恩设家宴,请张权一家吃饭,并为她举办个人演唱会。当张权看见许多省市领导来参加她的音乐会时,感动得热泪盈眶。五个月后,张权摘掉了右派帽子。

　　1961年夏,"哈尔滨之夏"音乐会第一次举办,誉满全国。

　　1963年秋,作家丛深创作话剧《千万不要忘记》,欧阳钦和夫人及有关省市领导亲临剧院看彩排,他支持该剧进京演出。后来该剧很快轰动全国,剧组载誉返回哈尔滨时,欧阳钦十分高兴,特地在省委食堂招待大家。

◇欧阳钦到黑龙江省广播电视局视察。前排左起:
张向凌、牧岚、王一伦、陈雷、欧阳钦、李瑞

◇1965 年 2 月 16 日,省委召开全省新闻文艺界元宵节座谈会

◇1965 年 2 月 16 日,欧阳钦出席全省新闻文艺界的元宵节座谈会。左起: 李范五(二)、陈雷(三)、赵扬(四)、白汝瑗(五)、王一伦(六)、欧阳钦(七)

冰雪运动是黑龙江的特色体育运动,欧阳钦曾专门找省体委领导研究冰上运动发展问题,要求省体委抓住体育事业和运动员的特点,普及冰雪运动,做好冰雪运动器材的研究和生产及基础设施的建设,要在国内争第一,还要夺取世界冠军。1963年,黑龙江省运动员罗志焕在日本举办的世界速滑锦标赛上夺得男子1500米冠军,王金玉、罗志焕创造了男子速滑全能世界纪录。欧阳钦和省委书记处同志接见了载誉归来的运动员,他在即兴讲话中说:你们为国争光的奋斗精神,激励全省人民在社会主义大道上团结奋进。

◇ 1963年4月,欧阳钦接见获得国际比赛金牌的黑龙江省速滑运动员。右起:李范五、欧阳钦、罗志焕、王金玉

2. 情寄黑土地

欧阳钦热爱黑龙江的一山一水、一草一木,他最先发现黑龙江省地图看起来像一只天鹅,以后天鹅被许多人的诗词歌赋引喻为黑龙江省的形象代表。1959 年召开省党代会,在准备省委的工作报告时,欧阳钦提议将报告题目定为《为建设繁荣幸福美丽的黑龙江省而奋斗》。欧阳钦坚持用"美丽"二字是因为他热爱黑龙江,作为一个早年立志救国投身革命的老共产党人,在革命胜利后,他满怀雄心壮志和一腔热血要建设好国家,因此不论主政何处,他都热爱那片土地,都要建设好那个地方。在旅大、在黑龙江他都是这样一往情深。

◇ 欧阳钦乘船
在黑龙江上
视察边境

◇欧阳钦参加春季植树。左起：李范五、欧阳钦、任仲夷

◇欧阳钦参观商业展览会。左起：杨易辰、欧阳钦、晓光

许多人都知道"大庆"是他命名的,此外"动力之乡"、"镜泊山庄"、"北大仓"、清真饭店"北来顺"也都是他提出的名字,这些充满美丽意境的名称,抒发了他深爱黑土地的情怀,黑土地上的山山水水也留下他坚实的足迹。

◇欧阳钦在省内考察。左起:陈俊生(二)、王树棠(四)、欧阳钦(六)、李剑白(十)、曲长川(十一)、黄葳(十三)

◇欧阳钦(中)在镜泊山庄

1963 年冬，哈尔滨市委书记任仲夷和市长吕其恩到香坊区检查工作，发现路边一户居民家门前有个用小水桶制成的空心冰坨，中间插了根点燃的蜡烛，成了一盏冰灯。这一发现启发了他们，市委决定"一定要把冰灯游园会搞成功，叫老百姓不猫冬，把群众的劲儿鼓起来，让哈尔滨的冬天不再寂寞！"

◇ 1963 年冬，欧阳钦与哈尔滨市领导观看冰灯游园会，在冰雕前合影。左起：王军、王玄、吕博、黄葳、任克雷、吕其恩、欧阳钦、任仲夷

1963 年 2 月 7 日,阴历正月十四,哈尔滨市第一届冰灯游园会在兆麟公园拉开帷幕。消息传开,万人空巷,群众扶老携幼观看冰灯。美丽的冰灯让欧阳钦十分欣喜,他和孩子们也在家里制作一盏盏小冰灯。1964 年底,正当第三届冰灯游园会热火朝天筹办之时,有记者写了一篇调查报告,说这是"劳民伤财",于是黑龙江省监察厅向市里派了调查组。欧阳钦知道后明确表态说:"哈尔滨搞冰灯,对反映大好的经济形势、对人民的身体健康都大有好处。不然,有什么力量能将 200 万人动员出来? 哈尔滨冰灯今后要继续搞下去。"在欧阳钦的支持下,冰灯游园会流光溢彩,长盛不衰。时光倏忽 50 多年,美轮美奂的哈尔滨冰灯博览会吸引国内外百万游客纷至沓来,成为哈尔滨乃至中国的一张亮丽耀眼的名片,这里就包含欧阳钦的一份情缘。

为了改变黑龙江农村卫生的落后面貌,在 1956 年的卫生工作会上,当听到双城代表说修建厕所还存在问题时,欧阳钦说:"卫生工作必须与生产相结合,建造厕所既方便人民生活,又可积肥,有利于生产,一定要搞起来,领导干部下乡要带头挖茅厕,干部嘛,不干叫什么干部!"

黑龙江地处边疆,欧阳钦希望更多的人来到黑龙江,了解黑龙江。为了这个目标,他提出建设北方大厦和花园邨。1959 年 4 月 1 日北方大厦破土动工,9 月 30 日举行竣工典礼。一栋 6 万多平米的高楼大厦,只用了半年时间,高速度、高质量地拔地而起。

从此哈尔滨有了一个会议接待中心,承担了许多全国和省内重要会议,接待了国内国外各方贵宾。

第十六章　春风化雨　言传身教好家风

1. 父亲说："不要依赖爸爸妈妈，要靠自己闯"

新中国成立后，从战争年代携手走来的欧阳钦和黄葳总算有了一个安稳的家，但两个人各忙各的工作，顾不上管家。他们的生活极其简朴，欧阳钦不抽烟、不喝酒，穿着和吃饭都很随便。每顿饭加个特殊菜就是一盘干煎辣椒。组织上为了照顾他，派一名一级厨师做饭，欧阳钦坚持把厨师调到国际旅行社工作，他说："一级厨师到那里才能发挥他的专长，我家里只要有阿姨做些家常菜就可以了。"

欧阳钦一家人搬到哈尔滨后，住在吉林街44号，那是一个独立的小院，小院的后门连着两个院子是省委干部宿舍。

欧阳钦夫妇是慈祥的父母，对子女倾注了全部的爱。他们教育子女不靠说教，全凭平日的一言一行，在潜移默化中影响和感染子女和周边的干部子女，传授自强自立，艰苦朴素、平等待人的观念。

◇ 欧阳钦（中）初到哈尔滨，在松花江边与晓光（右）、采如（左）合影

◇ 1956 年夏，松花江边全家照

◇ 1957年夏，晓光（右）、晓明（左）在松花江边留影

◇ 1960年，欧阳钦全家在哈尔滨花园邨。右起：晓明、欧阳钦、黄葳、晓光

　　欧阳湘从小寄养在延安的老乡家，在艰苦的环境里长大。后来在转战东北的路上风餐露宿，经常跟部队机关的伙夫住在一起，与人民群众有着天然的鱼水之情。他从小穿着朴素，吃苦耐劳，警卫员韩亚民总是喊他"土包子"，既是开玩笑，又透着亲昵。

◇ 1957 年，欧阳湘（中）、晓光（左）、晓明（右）三兄妹在家中院里合影

　　欧阳湘在哈尔滨六中住校，每周回家一次，1958 年考取中国科技大学，只有放寒暑假才回家。黄葳经常以欣慰的口吻对两个小女儿晓光和晓明说："湘湘哥哥在六中上了四年学，没人知道他的爸爸是省委书记。"母亲向女儿传递一个信念，炫耀自己是可耻的，而艰苦朴素、和同学们打成一片是光荣的。

◇ 1956 年，欧阳湘（左）参加建校劳动后在哈六中校门前留影

◇ 欧阳钦与孩子们在北京颐和园留影。右起：欧阳湘、欧阳钦、经平、经一

　　在生活上，欧阳钦夫妇从不娇惯孩子，但在政治上却不断为他们创造学习锻炼的机会。欧阳钦对儿子湘湘要求很严，经常抽空与儿子谈心。欧阳湘寒暑假回家时，如果有哪位省市委领导下乡调研，爸爸妈妈就会请求他们把湘湘安排进去，一起下乡参加调查研究和体验生活，让湘湘有机会了解农村和农民的实际情况。大学毕业后，欧阳湘主动要求到安徽肥西、寿县农村劳动锻炼，参加社教工作。

◇ 欧阳湘假期回家，参加农村考察。右起：欧阳湘、林肖侠、戴也怡

　　在春节或节假日,欧阳钦经常带全家去乡下转一转,既不事先通知,也不到县乡机关,随意停车走进老百姓家里,或者到田间地头,与老乡闲聊。老乡们不知道这个南方老头儿是谁,无拘无束地与他谈生活、谈生产情况和不满意的问题。晓光、晓明常跟父亲下乡,很小就对农村有了认识,耳闻目睹农民群众的勤劳与辛苦。

◇欧阳钦带孩子们下乡查看农情。站立右起:晓光(一)、黄葳(二),蹲者左起:欧阳钦(一)、晓明(二)

在父母的言传身教和当时全社会的思想教育下,晓光和晓明自小就没有家庭身份特殊的优越感,她们和大院里的孩子们一起相约上学,一起写作业,放学时一起玩。和院外的同学们也相处很好,小同学们常到家里来玩。

1964 年晓光考中学,第一志愿是哈三中,第二志愿是哈六中。考试结果出来后,她的成绩比哈三中的分数线少了几分,市教育局的同志建议安排晓光到哈三中,因为哈三中离家更近,各方面条件更好一些。欧阳钦和黄葳毫不犹豫地说,按规定办,该上哪个学校就上那个学校。六中是住校学校,晓光要带行李到校,黄葳要了车送晓光,这是她作为母亲第一次送孩子到学校,可是晓光却觉得很不好意思,放下行李就让妈妈赶快离校回家了。

◇ 1961 年夏,欧阳湘(中)、晓光(左)、晓明(右)三兄妹在哈尔滨火车站留影

六中大力倡导勤俭节约,学校还组织学生捡煤核。晓光不仅在学校捡煤核,回家发现和平邨招待所的灰堆上也有许多煤核,就去找个筐捡起来,被工作人员看到了,他们在许多年后还提起晓光捡煤核的事。

◇欧阳钦(中)和晓光(右)、晓明(左)在哈尔滨和平邨招待所院内

粉碎"四人帮"以后,晓明去哈工大上学,临行前,父亲郑重地向她谈了三条:"第一,要好好学习马列主义、毛泽东思想;第二,要好好学习科学知识;第三,不要靠父母,要走自己的路。"对第三条,他又加重了语气说:"不要依赖爸爸妈妈,要靠自己闯,走自己的路,爸爸年轻时就是靠自己闯出来的。"

◇ 1961年,欧阳湘(中)、晓光(左)、晓明(右)三兄妹在颐园街1号院内留影

◇ 1962年春节,欧阳钦和孩子们在天安门广场人民英雄纪念碑前。左起:晓光、欧阳钦、晓明、湘湘

2. 重视省委干部子女的教育工作

作为党的领导干部,欧阳钦不仅注重自己子女的教育,还将培育革命后代牵挂于心。1962年前后,省委办公厅开始抓省委干部子女的教育工作,每周组织一次活动,或是自编自演的歌曲和舞蹈,或是请劳模和老红军作报告,或是看电影、谈感受,或是去郊区进行拾麦穗、捡黄豆等劳动。寒暑假就组织大家下乡参加社会实践,一次暑假去海伦县的一个省委农场,一群孩子背着背包,下火车后再换坐牛车,土路凹凸泥泞,牛车剧烈颠簸,晓光晕车了。到了农场,孩子们住在大草甸子边上的一排平房里,睡大通铺。草甸里美丽的金达莱花和高高山上的白桦林让孩子们兴奋不已,但一到夜里,他们便遭遇虱子、臭虫和成团蚊子的攻击,几天后,每个人都浑身一片红肿。还有一次寒假,省委组织孩子们去五常县参加社会主义教育活动,分别住在老乡家,安排吃派饭,体验东北农村和农民的生活,树立了勇于吃苦,爱党、爱国、爱人民、爱劳动、爱学习和集体主义观念。

◇ 1963年,省委书记王鹤峰(中左)主持报告会,请省劳动模范(中右)给省委干部子女作报告

　　欧阳钦热情支持这些活动。1962年12月,他和全体省委常委专门接见了省委干部子女的代表,合影留念,以示鼓励。1963年12月28日,《黑龙江日报》刊发了省委教育干部子女的报道:《占领校外教育阵地培养坚强革命后代》,并发表社论《少年儿童校外教育是全社会的责任》。在教育干部子女方面,黑龙江省委作出表率,《中国青年》《中国妇女》杂志都刊登了相关报道。

◇ 1963年12月28日《黑龙江日报》对省委干部子女教育活动作了报道，并发社论《少年儿童校外活动是全社会的责任》

◇ 1962年12月，黑龙江省委常委和办公厅领导在哈尔滨和平邨礼堂集体接见干部子女。三排左起：张开荆（一）、任仲夷（四）、李剑白（五）、王一伦（六）、欧阳钦（七）、王鹤峰（八）、杨易辰（十）、陈雷（十一）、张瑞麟（十二）、陈剑飞（十三）、马俊（十四）；四排左起：宗克文（三）、张厘（四）、张向凌（六）、陈元直（八）、赵去非（九）、解云清（十）、谢福林（十一）、李瑞（十二）、谭云鹤（十四）、张世军（十五）、邹问轩（十六）

◇黑龙江省委办公厅邀请哈尔滨电机厂工人出身的工程师、省市劳动模范詹
洪友给孩子们讲家史和成长历程。前排左起：王典典、晓光、陈铁军、詹洪友、
田晓红、封文彬、杨平；二排右起：柏东、贾杰、张丽霞、孟洁

◇黑龙江省委组织干部子女下乡，听农民讲种田故事。前排站立者右起：
晓明（一）、晓光（三）、陈宁娜（四）、刘迎迎（六）、蹲者田晓红

第十七章　乱世如磐　铮铮铁骨渡劫波

1. "文化大革命"前夜突然病倒

1965 年 10 月,欧阳钦离开黑龙江省委第一书记的岗位,专任东北局第二书记。因为搬家、孩子上学等一些具体问题不太好解决,家还在哈尔滨,没有立即搬到沈阳去。

1966 年 3 月,中央在京召开会议,会议主题是批判罗瑞卿。当时已是"山雨欲来风满楼",罗瑞卿成为"文化大革命"前夜第一个被打倒的靶子。

欧阳钦参加第二阶段会议。会上很多人都踊跃发言,批判罗瑞卿的"错误和罪行"。欧阳钦作为东北局参加会议的代表,不能不发言,可是又觉得无话可说,因此很烦闷不安。会议期间的一天晚上,他与老秘书李西木在京西宾馆一起吃晚饭,说起要发言的事,无奈地说:"我说什么好呀?说什么呀?"就这样谈着谈着,他突然休克,昏倒在地。经过解放军总医院紧急抢救,确诊为脑血栓。欧阳钦脱离危险后,出现中风后遗症,身体虚弱,语言障碍、半身不遂。欧阳钦突然病倒,是在巨大精神压力下的一种反应,也避开了说违心话、做违心事的窘境。

◇欧阳钦与黄葳在北京北海公园

　　欧阳钦患病后,时任黑龙江省科委副主任的老伴黄葳到北京照料他,但对孩子们保密,准备暑假时让两个女儿转学,全家搬到沈阳。

　　欧阳钦身体稍有恢复,就让秘书送文件、送报纸看,他关心黑龙江省的生产建设,更关心中国政治的走向。得知举国上下都在批判吴晗的剧本《海瑞罢官》,他困惑、忧虑,对黄葳和秘书说:"这样批判,以后谁还敢研究历史!"

　　当时《红旗》杂志向欧阳钦约稿,他准备写一篇题目为《农民问题——中国革命的根本问题》的文章,他与编辑时有接触,常向编辑了解社会情况,关心即将开展的"文化大革命"的动态。1966年5月间,中共中央政治局扩大会议通过的"五一六通知"成为发动"文化大革命"的纲领性文件。通知严厉批判以彭真为首的文化革命五人小组的《汇报提纲》,他反复阅读后百思不解,他质疑:"这个文件有什么错?"

　　欧阳钦忧心忡忡关注着轰然而起的"文化大革命"运动。

2. "文化大革命"初期的动荡生活

　　1966年6月欧阳钦出院回到东北,先在沈阳北陵休养所休养。他十分关注这场运动的进展,天天看材料,连大字报汇编也要看。他对身边工作人员谈到自己对运动的想法:一是党委要加强领导;二是运动要限制在"五界"之中;三是大字报要实事求是,不能否定一切。但是事态的发展离他的良好愿望越来越远。在沈阳,他继续修改《红旗》杂志的约稿,最后定稿为《伟大的实践　伟大的理论》,他希望在"文化大革命"动乱中,这篇文章能成为宣传中国共产党光辉成就的正面材料,然而这篇文章被"文化大革命"的狂飙吹到九天云外去了。

7月下旬,欧阳钦在黄葳的陪伴护理下到了长春,原想在长春休养一段时间,再回哈尔滨,向黑龙江省委交代工作后,一并搬家去沈阳。

儿子欧阳湘此时正在中科院长春光机所参与远程导弹新技术项目的科研协作,晓光、晓明姐妹俩也从哈尔滨来到长春,这是难得的一次全家团聚。长春南湖宾馆绿树成荫,碧波荡漾,其宁静的氛围与高墙之外天翻地覆的动乱形成巨大反差。8月初,中共八届十一中全会在北京召开,欧阳钦请病假没有参加。

东北三省的"文化大革命"运动如火如荼,迅猛发展,在"造反有理"的口号下,红卫兵打砸抢抄抓,大街小巷贴满了"打倒"、"火烧"的大标语,全社会陷于极度混乱之中,各级党政机关处于瘫痪状态。欧阳钦气愤地问道:"这是什么革命?这不是要天下大乱吗?这不符合中央的决定!"

从东北局传来红卫兵要到长春揪斗他的消息,欧阳钦听到后很平静,他说:"哪有共产党人怕青年学生的,人不多,我接见,人多,由吉林省委安排。"

8月末,欧阳钦回到沈阳,此时的东北局机关已无法正常工作了。

欧阳钦寝食难安,他实在无法理解这场所谓的革命运动,他说:"把老革命家都打倒了,那不是要孤立毛主席吗?"看到黑龙江造反派的大字报摘抄他说:"黑龙江的工作是有成绩的,不少事业从无到有,从小到大发展起来,对国家是有贡献的。黑龙江省委是好的,说黑龙江复辟资本主义,是错误的。"病榻上的欧阳钦还关心省里的生产建设问题。他对秘书说:"要抓好秋收,运动不管怎么搞还是要吃饭的。"他还问:"文化革命什么时候结束,中央有什么说法?"

风狂雨骤，乱世如磐。在国家陷入空前混乱之时，主政黑龙江的潘复生以异乎寻常的极左面貌，带头造反，黑龙江省成了全国造反派的示范样板，他本人成了省委黑司令部里的红司令。

11月，经东北局与周总理办公室联系安排，欧阳钦从沈阳转院到北京，住进空军总医院。

哈尔滨已经没有家了，而沈阳的家还不知安在何处，欧阳钦一家处于无家可归的困难境地。

正值红卫兵进行全国大串联，晓光步行串联去北京，后来到大连的姨姨家寄住；黄葳送晓明到北京，寄住在舅舅家；欧阳湘回长春光机所上班；黄葳返回哈尔滨参加单位的"文化大革命"运动。于是一家五人星散五处。

一次秘书从外面带回医院一张小报，内容是首都红卫兵批斗"彭罗陆杨反革命修正主义集团"的，欧阳钦看后发火了，他大声说："怎么能这样干！无法无天！他们这样干，毛主席知道吗？这是革命吗？"此后几天他心情抑郁，话也少了。

1967年新年，全家人先后赶到北京，在医院里团聚。欧阳钦已经预料

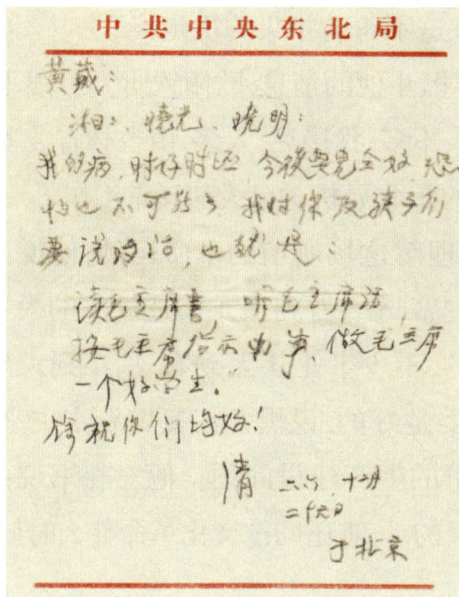

◇ 1966年12月26日，欧阳钦在北京空军总医院写给黄葳和子女的字条：黄葳：湘湘、晓光、晓明：我的病时好时坏，今后要完全好恐怕也不可能了，我对你及孩子们要说的话，也就是：读毛主席书、听毛主席话、按毛主席指示办事、做毛主席一个好学生。余祝你们均好！清 六六.十二.二十六日 于北京

到疾风暴雨即将来临,在黄葳返回哈尔滨之前,他心情沉重,对全家人说:"我一生为党的事业奋斗,不管遇到任何情况,我们都要跟党走,跟毛主席走。"这次聚会是全家最后一次团聚。从此各奔东西,天各一方。黄葳返回单位不久就被打成"走资派",关进"牛棚"。

3. 周总理的保护

1966年10月,周恩来在北京接见黑龙江省两大派群众组织的代表,造反派提出要欧阳钦回黑龙江。周总理说:"欧阳钦历史上没有问题,在黑龙江工作的问题大家可以提,但欧阳钦不能回哈尔滨,他有病,等到春暖花开时再说。"

1967年1月31日,黑龙江的造反派到北京空军总医院,他们买好机票,企图强行把欧阳钦押回东北批斗,周总理知道后,立即派人传达指示:"欧阳钦身体不好,工作中的问题可以提,材料可以送来,但是人不能回黑龙江。"造反派们没能得逞,就把所谓的"欧阳钦反党罪行"材料散发给医生护士和病员。

◇1967年1月31日,哈尔滨市造反派夺权,成立《黑龙江省红色造反者革命委员会》,1967年2月2日《人民日报》刊发社论《东北的新曙光》

周总理的保护,使欧阳钦避免了直接面对批斗。但是在中央文革小组和潘复生的纵容支持下,原黑龙江省委领导班子成员经受了极为残酷的群众批斗。

◇ 1966 年 8 月,李范五被造反派揪斗

◇ 1966 年 9 月,任仲夷被造反派揪斗

◇ 1966 年 9 月,省委书记们被造反派批斗

1967年5月和10月,造反派多次到医院,名为核实材料,实为批判斗争,带来"三反分子欧阳钦反党反社会主义反毛泽东思想的言行"、"屈从苏修的奴隶主义罪行"和其他被打倒的省委书记的材料,欧阳钦与他们进行针锋相对的斗争,逐条反驳。他明确地说:"我不是'三反分子',我对党是忠心耿耿的,为了社会主义事业努力奋斗,是坚持马列主义毛泽东思想的。说别的书记是'走资派',我也不同意!""工作上的错误是有的,但不是'走资派'。"让他揭发其他省委书记,他说:"他们都是好同志,是革命的财富,他们的工作是好的,如果说有错误,主要责任应该由我来负,我是第一书记。"

◇ 1967 年 7 月 7 日,《黑龙江日报》刊发社论《打倒欧阳钦》

　　事后他向周总理写报告申明"我绝不是'三反分子'"。

　　由于造反派不断在医院散发诬陷材料,医护人员的态度也逐渐变坏,之后,秘书、警卫相继离开,欧阳钦孤身一人住在病室,承受心灵煎熬,一下苍老了许多。

　　病中的欧阳钦不断写信向中央申述,同时要求出院。1968 年 4 月中央办公厅派人接他出院后,被安排在中直招待所。这是当时中央保护各省领导干部的一个特别措施,住在中直招待所的还有黄火青、江华、张平化、江渭清、曹祥仁、黄欧东、杨尚奎、朱德海等。欧阳钦年龄最大,身体较差,和老同志老战友们在一起,尽管在生活上、经济上、政治上都还有很大压力,但身体和精神状态好多了。他仅凭记忆,断断续续写出《我的平生》。在这篇自传的最后,他写道:"我的一生是纯洁的,从未在敌人面前屈服或动摇过,几十年来从没有做过对不起无产阶级和劳动人民的事。"

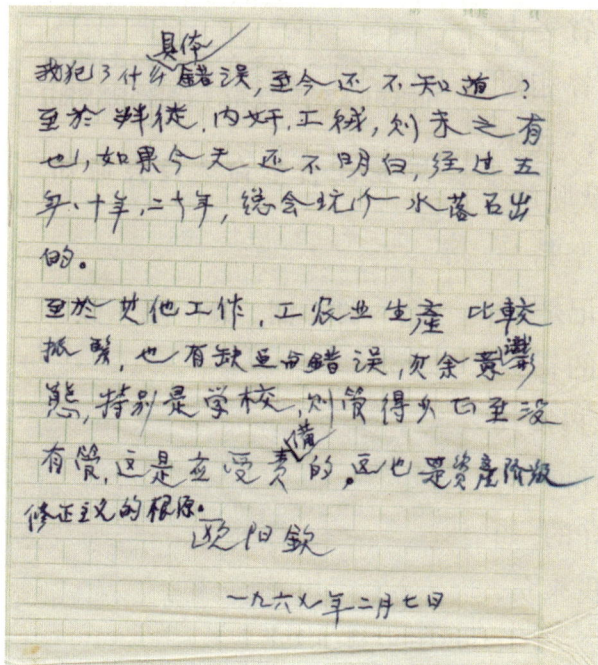

◇1967 年 2 月 7 日,面对一批批到医院批判他的造反派,欧阳钦写下的字条:我犯了什么具体错误至今还不知道?至于叛徒、内奸、工贼则未之有也,如果今天还不明白,经过五年、十年、二十年,总会水落石出的。至于其他工作,工农业生产比较抓紧,也有缺点与错误,其余意识形态,特别是学校,则管得少以至没有管,这是应受责备的

1969 年中共九大之后，老干部的处境略有好转，中央安排这些老同志去工厂接触群众，欧阳钦去了新华印刷厂，了解工厂的生产和工人生活情况。晓光、晓明从沈阳赶到北京，各家的亲人都来了，寂寞的招待所一时热闹起来。大家都认为"解放"这些老干部的日子不远了。

◇ 1969 年 8 月，欧阳钦与同住在中直招待所的一些老干部合影。左起：朱德海、欧阳钦、黄火青、张平化之女、黄欧东、张平化、张自全

◇ 1969 年 8 月，住在中直招待所的一些老干部亲属们去八宝山扫墓。左起：杨建力、曾宪生、杨伟力、杨大莉、晓光、杨小莉、晓明

4. 在黑龙江两年的艰难岁月

1969 年秋中苏边境形势异常紧张。10 月 20 日,汪东兴到招待所,宣布中央发布的一号通令,他说:由于备战紧张,北京疏散人口,你们大部分要回原省。他又代表中央、毛主席传达了四条原则:(1)你们尚未做结论,是人民内部矛盾;(2)是党员,应交党费;(3)可以看文件,可以到各地看看工农业生产情况;(4)发全薪,可以和家属住在一起,安排好生活。并当场宣布各位老同志的去处,欧阳钦和黄火青是去辽宁。然而临行前又决定送欧阳钦回哈尔滨。

10 月 27 日,在沈阳军区两位解放军干部和小女儿晓明陪同下,欧阳钦乘火车到了哈尔滨,住进省委组织部招待所。

自 1967 年新年的全家团聚后,欧阳钦和黄葳一别近三年,他见到老伴特别激动,从轮椅上站起紧紧拥抱黄葳,老两口有多少话要相互倾诉,无尽的思念都在不言中,站在一旁的晓明为父母的重逢喜极而泣。

欧阳钦到达哈尔滨之前,黑龙江省革委会的领导人居心叵测,特地于 10 月 24 日召开全省"批判刘少奇及我省代理人欧阳钦投降主义的外事路线"大会。报纸和广播也继续批判"反革命分子欧阳钦"。他们严密封锁欧阳钦回哈尔滨的消息和中央的指示精神。

经历了两年"文化大革命"的批斗和折磨,儿子欧阳湘也被迫害致死,黄葳深知潘复生的残忍,她不能让一家人都陷入他们的毒手,思来想去,她对欧阳钦说:"晓光、晓明还是留在沈阳好一些,由我来照顾你。"

欧阳钦还不知道儿子已遇害,但他看清了他们的卑鄙,他相信黄葳的决定是对的。

11 月初,冒着隆冬的风雪,欧阳钦和黄葳被省革委会遣送到五常县,住在五常纺织厂工人宿舍的一间平房里。"欧阳钦来了!"消息不胫而走,工人群众纷纷前来串门,看望两位老人,问他们有什么困难需要帮助。欧阳钦也出去走走,到工人家里看望走访,到工厂看工人织布生产。

省革委会派遣一个原公安厅的造反派,跟随欧阳钦到五常县,名为照顾,实为监视和隔离。他在欧阳钦的门前房后,围上高高的板墙,平时关门上锁,谁也进不来。时值寒冬,无室内厕所,无自来水,要挑水、倒马桶、要劈柴烧煤炉子,做饭取暖,55岁的黄葳独自承担了所有的家务,还要照顾欧阳钦吃药治疗等。工人们对造反派软禁欧阳钦和黄葳的做法非常不满,他们询问中央对欧阳钦有什么说法,黄葳告诉了他们中央的精神。他们说:"这就好了,我们心里有底了。"

工厂组织的批判欧阳钦大会遭到工人群众的抵制,会上喊口号"打到欧阳钦!"时应者寥寥。一场所谓"肃清流毒"的会狼狈收场。

在五常监视居住的时候,欧阳钦给周总理写信:"我虽住在工人家属宿舍,但是被隔离的,还强迫工人来批斗,工人又不愿意,批斗不起来。我要求到外地去。"

1970年6月,欧阳钦、黄葳获准离开五常去哈尔滨。与在五常的处境一样,欧阳钦仍被软禁,被隔离,行动受到限制。专案组处心积虑刁难折磨两位老人。那个监视人控制大院与住房大门的钥匙,黄葳每天一早必须去医院针灸治疗颈部结核和类风湿关节炎,因为不给钥匙,不得已多次攀墙而出。

5. 铁骨铮铮,坚贞不屈

为了把欧阳钦定成"走资派",专案组多次到住处,对欧阳钦威逼、批判、诱骗。欧阳钦始终认为这不是他个人的问题,而是涉及新中国成立后黑龙江省的全部工作和广大干部群众的问题。因此他寸步不让,据理力争。无论有多大的压力和什么样的诱惑,他都毫不松口,拒不承认是"走资派"。

靠扯旗造反而红极一时、祸害黑龙江多年的潘复生终于倒台了。1971年8月黑龙江省委恢复,全国开始陆续解放老干部,欧阳钦专案组改成定案组,再次复查后,黑龙江省革委会政治部定案组在1972年11月4日的审查报告中说,欧阳钦的主要错误是散布阶级斗争熄灭论,执行修正主义路线,强调地方利益,搞分散主义,执行右倾投降主义的外事路线,问题是工作上的错误,属于人民内部矛盾。定案组把欧阳钦由"走资派"改为"犯了走资派错误",又报省委批准。

对于这种换汤不换药的政治手腕,欧阳钦仍不接受。他对审查报告提出反驳意见:"我在黑龙江省委工作期间,执行毛主席革命路线中犯有不少错误,但不是'走资派',也不是'犯了走资派错误',原黑龙江省委工作的错误(1954年合省后到1965年末),我负主要责任。"

◇ 1971年2月,欧阳钦在哈尔滨分部街住所内

◇ 1972年夏,欧阳钦在哈尔滨分部街院内和亲属们的合影。后排左起:戴中明、欧阳钦、晓光、黄葳,前排左小强、右小斌

◇1971 年 2 月，欧阳钦（右）和晓明（左）在哈尔滨分部街住所内

欧阳钦向定案组的人申明："把省委意见、定案组的意见和我的意见都上报，我听从中央决定。"

他坚定不移地对黄葳说："黑龙江的社会主义建设是全省的党员、干部和广大人民干的，倘若我承认'走资派'或是'犯了走资派错误'，那就等于说我领导全省的党员、干部和广大人民走的是资本主义道路，是为复辟资本主义工作和劳动，这是对全省广大干部和人民的污蔑！"

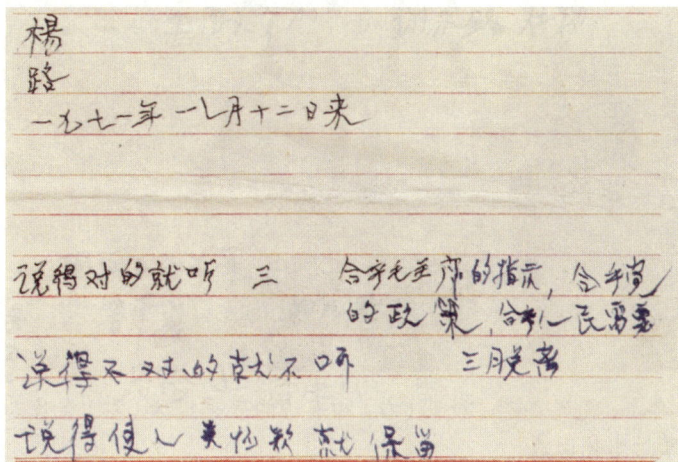

◇1971 年 8 月 12 日，面对省革委会专案组一次次的对质，欧阳钦写的字条：说得对就听，说得不对就不听，说得使人怀疑就保留

　　1972 年底,在中央的干预下,欧阳钦离开哈尔滨赴北京治病。在盘锦插队的晓光、晓明利用农闲放假到北京替换一下每日奔波于医院和招待所的妈妈,在医院里照顾父亲。

◇ 1974 年秋, 晓明在营口辽滨苇场收割水稻

◇ 1975 年夏, 晓光(中)、晓明(右)和来访的表哥经天(左)在营口辽滨苇场水稻田边

1973 年春,中央催促黑龙江省委报送欧阳钦的结论,主持工作的省委领导竟蛮横地说:"事实可改,结论不能改。"

面对"文化大革命"中普遍的罗织构陷,无限上纲,打倒一切的做法,欧阳钦痛心疾首,他对黄葳说:

我牢牢记得,1931 年 8 月 30 日,我向周恩来同志汇报苏区中央局工作时,周恩来同志就曾旗帜鲜明地说过,苏区"反 AB 团"斗争存在简单化、扩大化的问题,要纠正夸大敌人的破坏力量、减弱我们自己阶级坚信心的错误。但是对这个教训没有好好总结,在历次运动里又屡犯这个错误。延安整风运动中的"抢救失足者",冀察热辽土改中的"扫地出门"、"搬石头",旅大地区"三五反运动"中无根据的抓"大老虎"。现在"文革"中所谓"老干部 — 民主派 — 走资派",转到我们自己头上来了。这都是夸大敌人的破坏力量,减弱我们自己的阶级坚信心。伤害和牺牲了多少好同志啊,把坚持真理、忠心耿耿为党工作的革命者打成"三反分子"、"走资派",这是经不起历史考验的。

由于欧阳钦的"顽固"态度,他长期不能得到"解放"和安排工作,但是他说:"我不是要做官,我是要革命的。"欧阳钦这种坚持真理、实事求是、坚贞不屈的态度,感动了定案组的一些同志,他们本着实事求是的精神去核查材料,尽力保存了许多原始档案资料。尽管他们曾被扣上右倾的帽子,但他们为后来欧阳钦的彻底平反作出了重要贡献。

6. 欧阳湘遇害

◇童年欧阳湘

自1968年4月，欧阳钦从北京空军总医院出院转到中直招待所直至回黑龙江，三年多来一直没有看到欧阳湘，也没有儿子的任何音讯。欧阳钦忐忑不安，疑惑不解，常常问起："湘湘在哪儿？他怎么不给我来信，也不来看我？"

欧阳湘是在延安长大的孩子。在撤出延安，奔赴东北解放区的路上，他跟随父母闯过敌人的封锁线，走过敌人烧杀抢掠过的村庄，跟着部队蹚过结着冰凌的大河。在敌人追赶的紧急关头，他曾和妈妈一起留下来掩护和帮助几个有病的女同志。解放初期，黄葳到工厂做发展党的工作，总是带着欧阳湘去走访工人。

从小受到革命教育，在艰难困苦的磨炼中长大，欧阳湘人生的每一步都凝聚着父母的心血。1958年他考进中国科技大学，1960年入党。放假回

◇1946年，欧阳湘在承德离宫

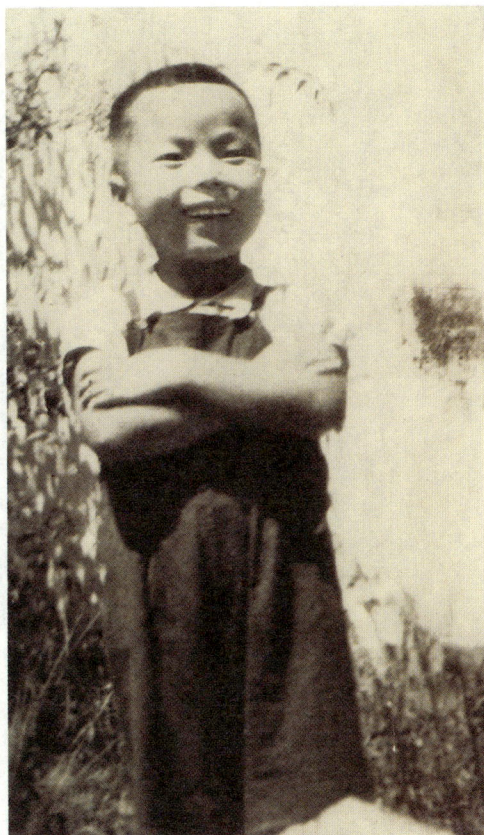

◇ 1946 年，欧阳湘
在承德离宫

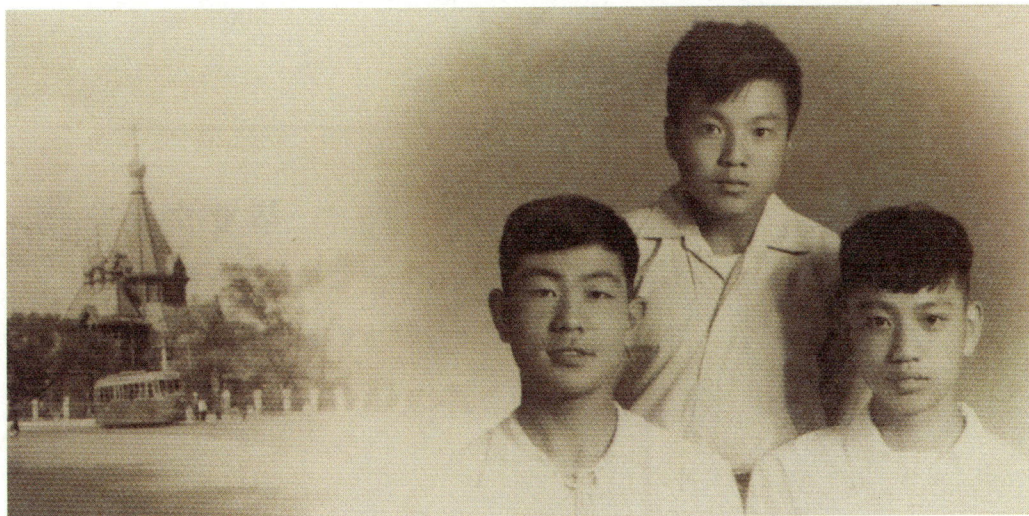

◇ 欧阳湘和中学同学合影。左起：欧亮、欧阳湘、马奇

◇1961年5月1日，中国科技大学召开庆祝会。校长郭沫若（左二）与党委书记郁文（左一）以及副校长华罗庚（左三）等与同学们一起观看学生文艺演出。郭沫若左后上第二人为欧阳湘

◇1963年7月，欧阳湘的中国科技大学毕业文凭

家时,一有机会,父母就让他到农村,了解、体验中国农村的实际情况。

1963 年大学毕业后,欧阳湘被分配到中国科学院工作,第一个月的工资作为自己的党费全部上缴。他多次给上级党委写信,要求到农村参加社教运动和劳动锻炼,或者下连当兵。上级党委批准了他的要求,1963 年他和同志们一起到安徽农村参加劳动。"大跃进"以后的安徽农村一片破落景象。田地荒芜,农民生活很困难。当时他们住在老乡家,一天只能吃二两饭。欧阳湘深感错误路线对国家和人民的极大危害,只有执行党的正确路线才能保证国泰民安。他把衣服送给老乡穿,和老乡们一起拉犁耕田,恢复生产,与贫下中农建立了深厚的阶级感情。1964 年他参加社教队工作,翌年重返北京的科研岗位。

随着"文化大革命"运动的全面失控,天下大乱,欧阳湘开始理解父亲对"文化大革命"的正确态度,并逐步加深了对父亲历史的了解:父亲一生是忠于党的,是紧跟毛主席干革命的,所以欧阳湘确信父亲不是"走资派"。欧阳湘看清潘复生在"文化大革命"中的表演:要尽两面派手段,支持和利用造反派,把黑龙江省委老干部统统打成"走资派",挑动群众之间派性斗争,他们

◇1967 年夏, 湘湘(中)、晓光(右)、晓明(左)兄妹三人合影

的倒行逆施给黑龙江省人民带来深重灾难。欧阳湘决心揭发他,履行一个共产党员的责任。

1968 年 11 月 24 日,欧阳湘深思熟虑后,写信给黑龙江省军区主要负责人,落款是"洪新建"。信中说:"具有伟大历史意义的八届十二中全会向全国人民发出伟大的号召,我决心在党中央、毛主席领导下,把无产阶级文化大革命进行到底。同时公报的发表也鼓励我把想了很久的一个问题向党、向亲人解放军反映。……"欧阳湘心里保存着一份对老红军的信任。然而,他把复杂的政治斗争想得太简单了。

他取出自己的积蓄,共 160 元钱,写下了一张字条:"亲爱的党:如果我出了什么问题,这些钱是我今后的党费。"

他把字条和钱一起放进钱夹,锁进抽屉。这是他向党预交了 50 年的党费。

"宁可枝头抱香死,何曾吹落北风中"。他在日记中曾三次写下这句诗。

他觉得自己是一个走向战场的战士,"壮士一去不复返",他已经做好了最坏的思想准备。

正好妹妹晓光和晓明从沈阳路过长春,她们要去哈尔滨看望被隔离审查的妈妈。欧阳湘把这封信交给两个妹妹,委托她俩投进哈尔滨街边的邮筒里。

军区主要负责人收到这封信后,立刻送给潘复生,潘复生大怒,他们把这封信定性为"68·11·24 现行反革命案件"。在动用一切侦破手段后,两天后在长春逮捕了欧阳湘。11 月 30 日,欧阳湘被押解到哈尔滨。晓光、晓明姐妹也被关进拘留所审查了八天。

12 月 1 日的《黑龙江日报》,通栏超大黑体字是"坚决镇压反革命"。社论的题目是《向阶级敌人进攻,再进攻》。新闻通讯的题目是《强化无产阶级专政,坚决镇压反革命》,文中专门写出,这封匿名信就是我省党内"走资派"、反革命修正主义分子欧阳钦的儿子欧阳湘干的。

当天在北方大厦广场上召开了 20 万人参加的"坚决镇压反革命,掀起对敌斗争新高潮"的批斗大会。被工人民兵扭住胳膊押出的欧阳湘英勇不

◇1968 年 12 月 1 日，《黑龙江日报》以"坚决镇压反革命"通栏标题，报道逮捕欧阳湘的消息，并发表社论"向阶级敌人进攻再进攻"

◇1968 年 11 月，欧阳湘在批斗大会上呼喊申辩时被堵嘴（李振盛拍摄）

屈,拼死抗争,遭到令人发指的残酷殴打和蹂躏。《黑龙江日报》摄影记者李振盛用多张照片清晰记录下批斗欧阳湘的悲惨画面。

批斗、游街、毒打、刑讯……欧阳湘在哈尔滨被关押折磨了20天,之后被押回长春光机所,在全所大会上继续批斗,并当场宣布开除党籍。不久,他离奇地死于非命,时年28岁。欧阳湘遇害后不通知家人,立即火化。欧阳湘真正死因始终没有查清,该冤案的许多疑团,可能永远成为历史之谜。

◇ 1968年12月1日,宣布逮捕欧阳湘的群众大会会场(李振盛拍摄)

◇ 1968 年 12 月 1 日，欧阳湘在批斗大会上被围殴（李振盛拍摄）

◇ 1968 年 12 月 1 日，欧阳湘在群众大会被宣布逮捕后，押上大卡车游街（李振盛拍摄）

　　一位杰出的青年科技人才就这样被潘复生之流害死,一直到 1969 年 5 月,黑龙江省科委革委会才把这一噩耗告诉黄葳和晓光、晓明。她们犹如五雷击顶,难以相信,黄葳母女陷入巨大的震惊和悲愤之中。

　　鉴于欧阳钦的病情,全家又处于被监控的险恶处境,黄葳母女忍着悲痛决定瞒着欧阳钦,每当他问起儿子,就告诉他,"湘湘到外地搞科研去了"。"搞国防尖端科技,是严格保密的,不准通信。"亲人们的搪塞使欧阳钦半信半疑,他总在发问:"怎么连封信也没有?"就这样一周、两周;一年、两年……一直瞒了三年。

　　1972 年 1 月,黄葳给周总理和中央有关部门写信,要求查清欧阳湘被害真相。信写好了,忘记收藏起来,就去了厨房,恰巧欧阳钦在房中踱步,无意中发现这封未及发出的信。待黄葳从厨房回来,发现欧阳钦瘫坐在床边,脸色苍白,双手颤抖,黄葳知道无法再隐瞒了,她强压无限悲痛,把湘湘

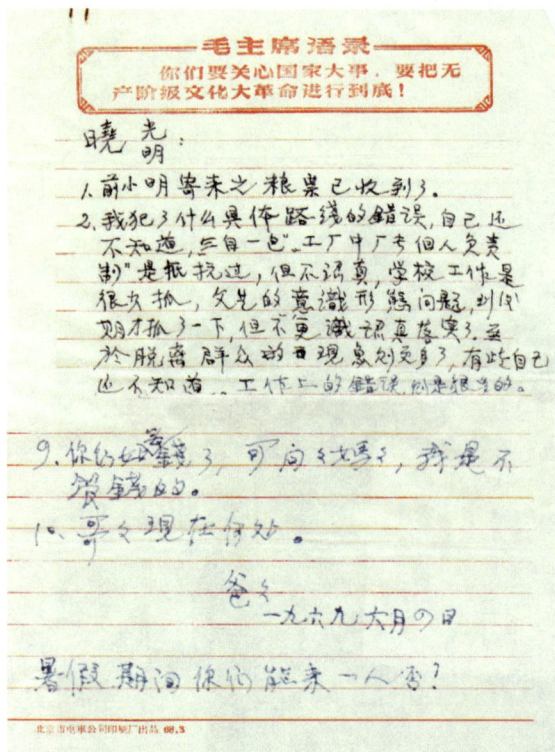

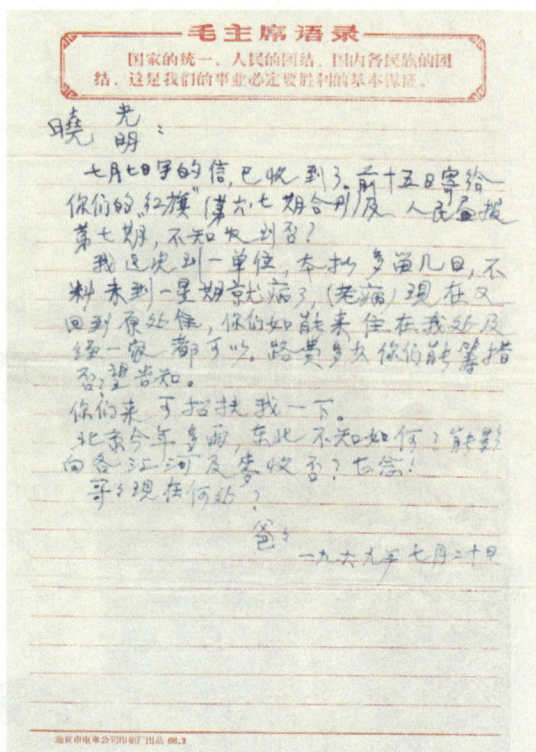

◇ 1969 年,欧阳钦在北京写给晓光、晓明的信,多次问道:"哥哥现在何处?"

遇害的经过告诉了欧阳钦。欧阳钦默然垂目，尽力保持镇静，最后他无比沉痛地喃喃道："湘湘是在延安枣园长大的 …… 湘湘是个好孩子 …… 他们搞不倒我，就搞孩子 …… 他们搞死下一代，就是想搞垮老一代，搞垮我们的国家。"

　　依欧阳钦的刚烈性格，他一定要与害死爱子的坏人坚决斗争的，但是身处逆境，全家人的生死都在那些"文革新贵"的掌控之中，欧阳钦和黄葳只能强忍丧子的悲痛，把满腔愤怒压在心中。他们互相勉慰，不能因悲痛而示弱于人，也不能因此搞垮身体。欧阳钦又恢复了平静，表面上假作不知此事，避免他们的进一步迫害。一生历经无数磨难，欧阳钦的博大胸襟能容得下狂涛巨浪。他对老伴和女儿说："要革命就会有牺牲的!"尽管如此，儿子为真理而牺牲的打击对于已经 72 岁的病弱老人来说，几乎是致命的，欧阳钦的病情又加重了。

◇1973 年 4 月，欧阳钦在北京医院治病期间的日记：无产阶级大革命每个人几乎都被触及。我个人被触及更多，我一家都被触及了。这样经过一系列检查有好处，一切都清楚了。我全家历史都很清白了。……我们对于中华人民共和国及目前有利于革命的形势如何的爱护，我们为此而奋斗终身。我们的儿子欧阳湘因为揭发潘复生而被潘害死，这种牺牲在革命过程中不可避免的，但事情总要搞到水落石出，才能安各革命干部群众的心，安各革命亲属的心。

第十八章 相濡以沫 风雨同舟盼光明

1. 冲破封锁去北京治病

在黑龙江三年的幽禁生活中,欧阳钦和黄葳一直得到广大群众给予的爱护和帮助。省科委、省委和省直机关的干部们,医院的医生和护士,省委招待所和欧阳钦原来的服务员刘春兰夫妇,他们或到市场帮助买菜和各种用品,或帮助买议价粮,或把配给的婴儿奶粉送给欧阳钦补充营养。

熟悉欧阳钦病情的哈医大和省医院的医生,凭黄葳到家里口述的欧阳钦的身体情况,就给开出用药处方,并告诉护理上的注意事项。

自从知道儿子欧阳湘被迫害致死的真相,欧阳钦开始为每一个亲友的安危担忧。一次侄女到哈尔滨看他,走错路,很晚没有到家,他急得戳着手杖呼喊,几乎摔倒。寒冬季节,满街冰雪,黄葳出门买东西,两手摔骨折,只好请姐姐戴中明和戴中淑来帮忙料理家务,她们带来了四岁的外孙小斌。欧阳钦喜欢孩子,再三说:"我们老了,死了没什么,小斌这孩子一定要保护好。"

1972年夏,晓光、晓明回到哈尔滨,为了交涉欧阳湘冤案问题,黄葳带她们一起去省委找人,被拒之门外。当天下午女儿就要赶回盘锦农场，欧阳钦悲愤交加，病情突然加重，第二天紧急住院。专案组组长却以"欧阳钦还在审查中"为由，企图干预治疗，被医生和护士拒绝。经过悉心医治和护理，欧阳钦病情好转，他给周总理写信，要求去北京治病。

1972年秋，著名数学家华罗庚带领优选法小分队从大庆到哈尔滨，小分队里有欧阳钦老战友的子女，如陈赓之子陈知建、王震之子王之等。一下火车，小分队直奔欧阳钦的住所，突然出现在欧阳钦和黄葳面前，两位老人惊喜莫名，三年封锁被冲破了。

不久，中组部电催欧阳钦到北京治病，12月25日，他住进北京医院。在北京医院欧阳钦见到了许多老同志、老战友，他们大多数还没有"解放"和安排工作，但是大家劫后重逢，说说笑笑，欧阳钦的心情好多了。1973年1月15日，周总理到北京医院看望病危的熊瑾汀等老同志，在走廊见到黄葳，知道欧阳钦也来了，就走进欧阳钦的病房。周总理关切地询问他的病情，叮嘱他要多保重身体。周总理的深情厚谊，给经过几年磨难的欧阳钦极大安慰。他知道周总理一直在关心他保护他，后来听说周总理自己身患重病，欧阳钦担心不已。

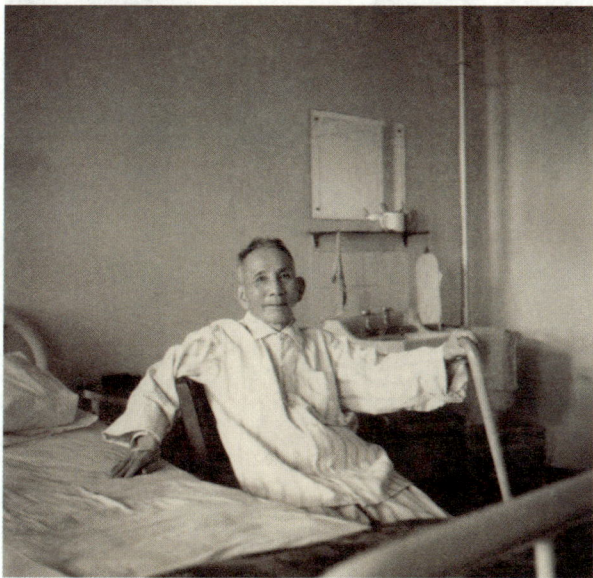

◇1973年，欧阳钦在北京医院病房中

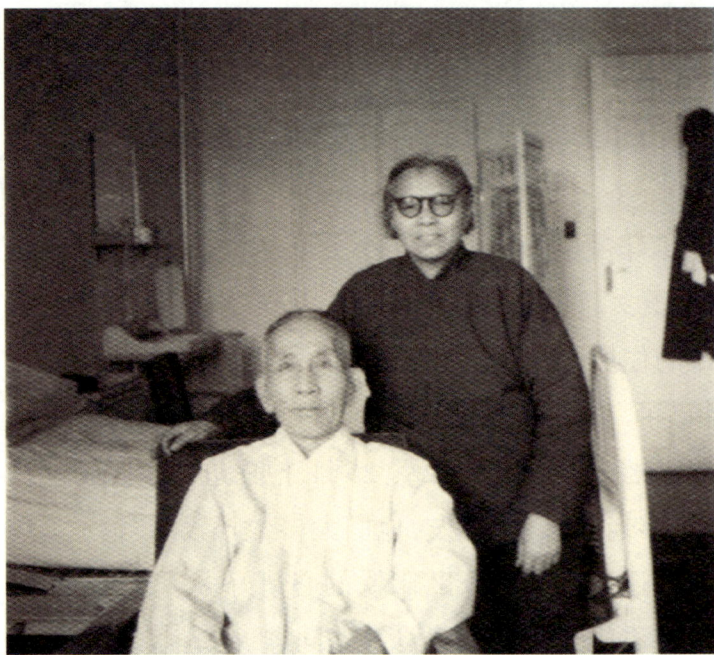

◇ 1973 年，欧阳钦和黄葳在北京医院病房中

◇ 1973 年，欧阳钦在北京医院病房走廊

1975 年 1 月 9 日,王震、余秋里、李富春联名写信给党中央、周总理,信中说:欧阳钦立场是坚定的,旗帜是鲜明的,保持和发扬了党的优良传统;在黑龙江工作时期,顾全大局、服从整体,困难时期,给国家运了大量的粮食、煤炭、木材;对发展生产、建设国家重点项目和支援开发大庆油田、开发北大荒作出了重要贡献。对安置移民和复员军人、转业军人都是积极支持的;对党内错误思想也开展了积极的思想斗争。他们建议中央对欧阳钦应考虑作适当安排。

周总理收到信后找王震说:"你们这封信写得对,写得好,就是写得迟了,我来不及报告毛主席了(指安排人大的问题),我来不及安排了,等以后安排吧!"

◇ 1975 年,在颐和园参加国庆游园会。右起:欧阳钦、黄葳、戴中溶

2. 黎明之前

1976 年 1 月 8 日,周总理逝世。欧阳钦正发着高烧,他抱病向周总理遗体告别。自在法国入党时欧阳钦就与周总理相识相知,后来又长期在周总理的领导下从事革命斗争和社会主义建设事业,他们互相信任、互相关心、配合默契。周总理的去世令欧阳钦痛彻肺腑,他为失去好领导而痛苦,也为国家前途而担忧,那些天他夜不能寐,暗自流泪。王震闻讯专门来医院看望欧阳钦,刚说了一句"总理对你一直是很关心的 ……",两人便泪如泉涌,都说不下去了。

周总理逝世后不久,老战友张德生之子张凯回西安,前来向欧阳钦告别,老人家语重心长地说:"我和你父亲都是经受了许多磨难过来的,现在总理又去世了,你们这一代要准备经受更大的磨难啊。"

◇ 1974 年,欧阳钦与甥孙在北京万寿路中组部招待所 5 小楼门前

欧阳钦出院后,被安排在万寿路中组部招待所住。疯狂的"文化大革命"此时日渐式微,许多老干部陆续得到"解放",从各地来到北京。万寿路中组部招待所后面有五栋小楼,先后住过欧阳钦、陈丕显、宋任穷、叶飞、曾志、江华、江渭清、廖志高、曾生、谢振华、林铁、帅孟奇、陶鲁笳十多家人。各家亲人也都陆续到京,那段时间是万寿路的春天,老战友们历经磨难喜重逢,不胜唏嘘;家人温馨团聚,四邻亲如一家。身心受伤的老干部们有了一个喘息的避风港,露出了难得的笑容。

但是"四人帮"尚未倒台,当时的中组部对老干部们的政治审查结论依然采取打压态度,在生活上也百般刁难。有一次,老干部杨一木从外地来京看望欧阳钦,晚上没有住处,欧阳钦就留他住在家里,没想到半夜里,招待所一伙人敲门闯入,非说不准留宿外人,任欧阳钦和黄葳好说歹说也不行,最后生生把杨一木赶走。欧阳钦和黄葳气愤不已,他们知道这是"四人帮"们故意整治老干部的无情手段。

1975 年 2 月 4 日,辽宁省营口海城一带发生 7.3 级大地震,晓光、晓明都在营口辽滨苇场插队,正是震中地区。欧阳钦和黄葳不知道女儿们的情况,心急如焚,后来终于打通电话,知道她们安然无恙,这才放下心来。当时黄火青也在辽宁盘锦,他们挂念老战友的安危,四处打电话查询,直至获悉地震后黄火青已被转到沈阳住院,才松了一口气,并把这个好消息告诉黄火青的女儿。

1976 年 7 月 28 日,唐山发生特大地震,波及北京。为了安全,他们先在床上面用木头支起一个架子,名曰防震床;后来又在院子里搭起小棚子,外面覆盖塑料布,晚上两老就住在这个防震棚里,度过了担惊受怕的防震炎夏。

欧阳钦在北京住院几年中,往来医院和陪护全落在黄葳的身上,每天她不辞辛苦地乘公交车奔波在东单到万寿路之间,晚上陪护就靠一张病房的小行军床。欧阳钦和黄葳患难与共,相濡以沫,走过了人生最为艰难的岁月。

◇ 1976 年 7 月 28 日唐山地震后，欧阳钦在北京万寿路
　中组部招待所的防震棚前

◇ 1976 年 7 月 28 日唐山地震后，欧阳钦在北京万寿路中
　组部招待所的防震帐篷前

第十九章　哲人其萎　高风亮节垂青史

1. 十月金秋粉碎"四人帮"

　　欧阳钦到北京后,除了治病外,他顽强不息写材料,针对强加在他身上的"走资派"政治结论提出申诉意见。1974年国庆节,他出席了国庆招待会,名字也见报了,他的政治生命呈现一丝转机。

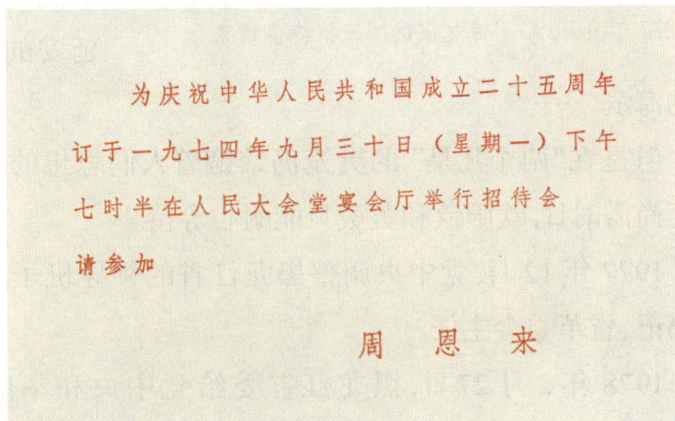

为庆祝中华人民共和国成立二十五周年

订于一九七四年九月三十日（星期一）下午

七时半在人民大会堂宴会厅举行招待会

请参加

周　恩　来

◇ 1974年9月,周恩来发的国庆招待会请柬

　　1975年1月9日,王震、余秋里、李富春写信给党中央、周总理以后,黑龙江省委仍然顽固地坚持定欧阳钦为"犯了走资派错误"。

　　1976年的清明节,天安门广场爆发了纪念周总理的群众抗议活动。出于政治家的敏感,欧阳钦看到人民群众的伟大力量,他坚信满天乌云总要散去。周总理、朱总司令和毛主席的相继逝世,使心力交瘁的欧阳钦受到沉重精神打击,他心事浩茫,忧国忧民,他不相信老一辈革命家开创的伟大事业会付之东流。

10月6日,为害神州十年的"四人帮"顷刻覆灭,秋阳高照,举国欢腾。喜讯传来,欧阳钦激动得难以自持,他双手颤抖,老泪纵横,终于等到拨云见日的那一天。那年北京的螃蟹又多又好又便宜,欧阳钦和老朋友们一起吃过几次三公一母的蒸螃蟹。

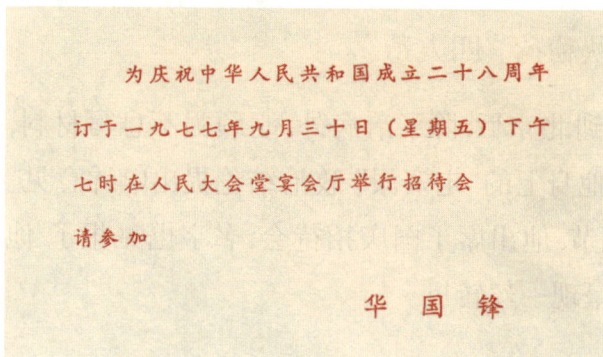

为庆祝中华人民共和国成立二十八周年
订于一九七七年九月三十日(星期五)下午
七时在人民大会堂宴会厅举行招待会
请参加

华 国 锋

◇ 1977年9月,华国锋发来的国庆招待会请柬

1977年,欧阳钦的病情大有好转,他坐着轮椅,几乎天天到户外活动。每逢老同志去看他,他总要问东问西,总有说不完的话。他思念黑龙江的人民,说等身体好些要回黑龙江看看,他还想看看延安的宝塔、西安的古城、旅大的海滨……

但是在"两个凡是"的樊笼仍禁锢着人们思想的时候,黑龙江省的拨乱反正尚需时日,欧阳钦和黄葳只能耐心等待。

1977年12月,党中央调整黑龙江省的领导班子,由杨易辰担任省委第一书记、省革委会主任。

1978年2月27日,黑龙江省委给党中央和华国锋主席呈送一份报告——《关于请示撤销欧阳钦同志所犯走资派错误的审查结论的报告》,报告中说:为了认真落实毛主席的干部政策,对欧阳钦同志的问题进行了复查,从复查情况看,1972年省委第97次常委会讨论通过并上报中央的"关于欧阳钦同志所犯走资派错误的审查报告",由于"四人帮"的干扰破坏,颠倒了路线是非、思想是非和理论是非,把一些正确的东西给定为错误的了,存在许多不实之处。当时省委定欧阳钦同志"犯了走资派错误"结论意

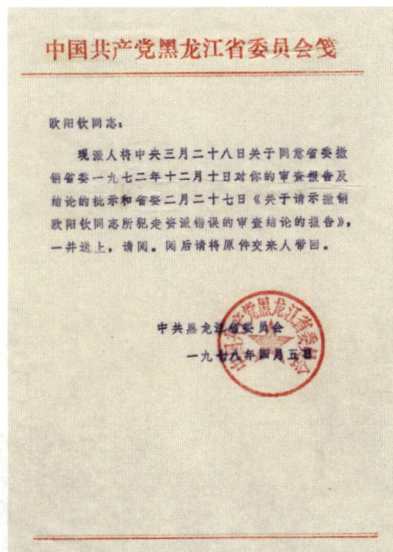

◇1978年3月，党中央批准黑龙江省委《关于撤销欧阳钦同志犯走资派错误审查结论的报告》有关文件

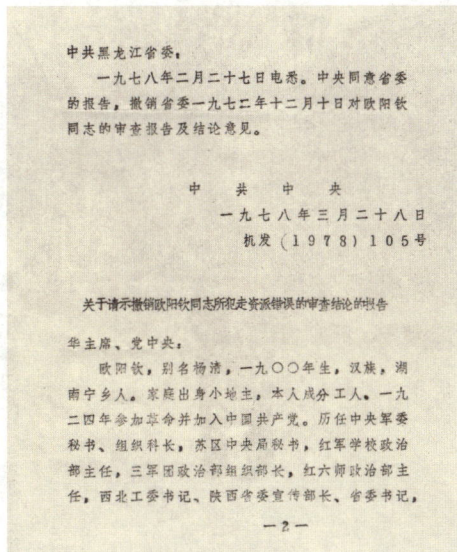

◇1978年3月，党中央批准黑龙江省委《关于撤销欧阳钦同志犯走资派错误审查结论的报告》有关文件。（第二页）

见也是错误的，应予推翻。……我们意见，撤销1972年12月10日黑龙江省委龙发[1972]279号上报的《关于欧阳钦同志所犯走资派错误的审查报告》和省委对欧阳钦同志"系犯走资派错误"的结论意见。并建议中央撤销1973年7月17日对欧阳钦同志的审查的意见。①

随后黑龙江省委在1978年3月30日向各地、盟、市委，哈、齐铁路局党委，省直部办、委、局党委、党组转发了省委的报告和中央的批示。

欧阳钦终于等到了中央的平反决定。他不屈不挠，坚持原则，体现了一个无私无畏的共产党员实事求是的精神和敢于对邪恶势力作斗争的气节，得到黑龙江全省广大干部和群众的由衷称颂。

---

① 中共中央1978年3月28日机发[1978年]105号。

◇ 1978 年春, 欧阳钦在
北京万寿路中组部招
待所院内

◇ 1978 年, 欧阳钦在北
京万寿路中组部招待所
5 小楼住所内

　　1978年2月24日,中国人民政治协商会议第五届全国委员会第一次会议在人民大会堂隆重举行,欧阳钦被推选为主席团常务主席。五届政协原本定于1975年10月召开,因为"四人帮"的破坏被推迟至1978年,这次会议是打倒"四人帮"后的一次重大会议,全国正在拨乱反正,平反冤假错案,人们看到了希望,心情舒畅了,许多老干部被"解放",安排了工作。

◇1978年2月18日,
　全国政协通知函,
　欧阳钦为第五届全
　国政协委员

◇欧阳钦的第五届全
　国政协委员证

在会议开幕式上,邓小平走到主席台欧阳钦座位的后面,拍拍他的肩膀,问道:"你还记得我吗?"欧阳钦高兴地与邓小平握手,连声说:"当然记

◇ 1978 年 3 月,中国人民政治协商会议第五届全国委员会第一次会议会场

得,我们在法国就认识了嘛!"罗瑞卿坐在轮椅上途经欧阳钦的座位,拉着他的手大声说:"当年是你帮助我找到党组织的啊!"

在这次会议上,欧阳钦被选为全国政协副主席,在五届人大上被选为常委。在这两次会议上,他见到许多黑龙江省的代表,大家抢着与老书记握手,亲切交谈,回首"文化大革命"岁月,不禁感慨万分。

老骥伏枥,志在千里。重新得到党和人民给予的职务和荣誉的欧阳钦,依然壮志满怀,表示要为国家富强、民族复兴,竭尽绵薄。

2. 他走在春花烂漫时

1978年5月13日,周六,新华社黑龙江分社社长程晓侯的儿子四宝到北京来,他去看望欧阳钦和黄葳,两位老人特别高兴。四宝是摄影师,他陪同二老去中山公园踏春,公园里春花烂漫,春意盎然,四宝给二老照相,老人家心情愉悦,笑容满面,随着相机快门的启合,他们慈祥的音容笑貌定格在历史之中。

◇华国锋、叶剑英、邓小平等与出席中国人民政治协商会议第五届全国委员会第一次会议委员合影。前排右十七为欧阳钦

◇ 1978 年 5 月 13 日，欧阳钦（左）和黄葳（右）在中山公园

◇ 1978 年 5 月 13 日，欧阳钦在中山公园

◇1978年5月13日，
欧阳钦和黄葳在
中山公园

◇1978年5月13日，欧阳钦和黄葳在中山公园

◇ 1978 年 5 月
13 日，欧阳钦
在中山公园

　　欧阳钦即将重新走上工作岗位，有关方面还来不及安排他的住房和工作人员，那几天中组部招待所院内有工人为果树喷洒农药，这会诱发欧阳钦的哮喘病，家人陪欧阳钦临时搬到二里沟国务院招待所（现新疆办事处）小住几日。14日晚上，电视播放电影《红楼梦》，招待所房间里没有电视机，欧阳钦提议当晚去韩光家，一是看看老朋友，二是一起看《红楼梦》。晚饭后，黄葳和晓光陪着欧阳钦来到韩光家，他们和韩光一家坐在小客厅里，一边看电视，一边聊天。越剧名角王文娟饰演林黛玉，"葬花"和"焚稿"两折，如泣如诉，催人泪下。欧阳钦喜欢越剧，有很高的鉴赏力，他兴致很高，话也逐渐多了起来，从《红楼梦》谈到黑龙江，海阔天空，谈锋甚健。说起"文化大革命"造反派硬逼他承认是"走资派"，他说："什么'走资派'，我是革命派！"也谈到儿子欧阳湘之死，他告诉韩光："我没有流泪，因为很多好干部、好党员，在'文革'中遭受迫害，无辜地牺牲了，真是可惜啊！一个人的生命固然可贵，可是灵魂、气节更为重要。"

　　这次与韩光小聚，欧阳钦直抒胸襟，说了许多心里话，心情激动，难以平静。看完电视，他和家人乘车回到招待所，万万没有想到，深夜里欧阳钦突然心脏骤停，等北京医院急救车赶到，医生已经回天乏术，终告不治。5月15日凌晨1时，欧阳钦安详如眠，溘然长逝，终年78岁。

　　欧阳钦的突然逝世给黄葳极大的精神打击，时任中组部部长胡耀邦赶到现场，亲自安排黄葳住院。

　　噩耗传到黑龙江省，省委书记杨易辰悲痛万分，马上委托夫人肖塞赴京参与主持欧阳钦的丧事。肖塞和省委有关工作人员住在欧阳钦在万寿路招待所的家里，主持操办丧事。

　　欧阳钦同志逝世以后，邓小平、汪东兴、韦国清、乌兰夫、吴德、陈锡联、聂荣臻、姬鹏飞、阿沛·阿旺晋美、周建人、许德珩、王震、康世恩、宋任穷、沈雁冰、朱蕴山、康克清、王首道、杨静仁、胡子昂、童第周，以及有关方面负责人，曾前往医院向欧阳钦同志的遗体告别。

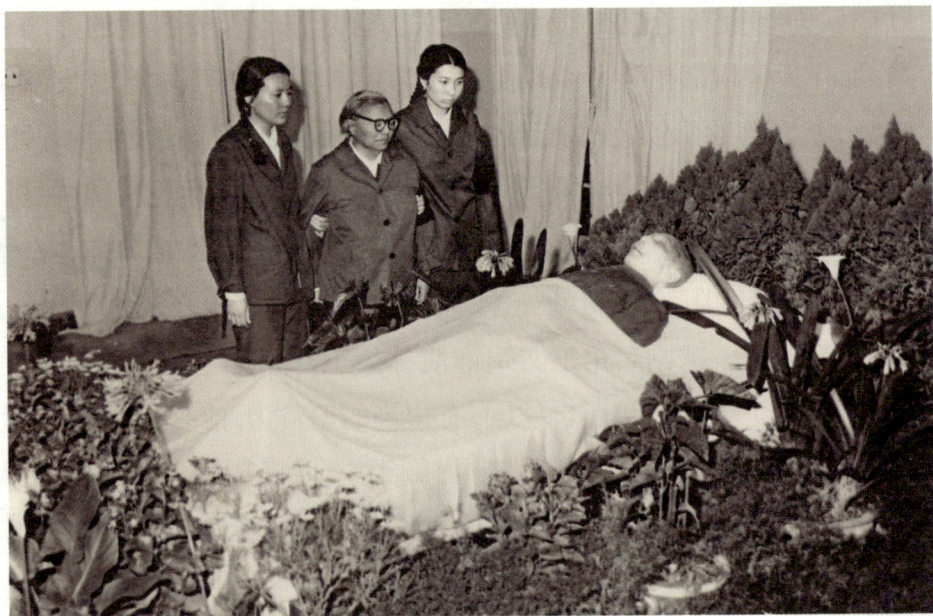

◇ 1978 年 5 月 18 日,黄葳(中)、晓光(右)、晓明(左)母女三人向欧阳钦遗体告别

◇ 1978 年 5 月 18 日,邓小平前来告别,与欧阳钦亲属握手慰问。右起:邓小平、晓光、黄葳、晓明

◇1978年5月18日，康克清前来告别，与欧阳钦亲属握手慰问。右起：康克清、黄葳、晓光、晓明

◇1978年5月18日，聂荣臻前来告别，与欧阳钦亲属握手慰问。右起：聂荣臻、黄葳、晓光、晓明

◇ 1978 年 5 月 18 日，王震前来告别，与欧阳钦亲属握手慰问。右起：王震、黄葳、
晓光、晓明

◇ 1978 年 5 月 18 日，杨易辰前来告别，与欧阳钦亲属握手慰问。右起：杨易辰、晓光、
黄葳、晓明

5月22日，邓小平、聂荣臻、王震、蔡畅等中央领导组成欧阳钦治丧委员会，是日下午，在八宝山革命公墓举行隆重的追悼会。中共中央、全国人大常委会、国务院、政协全国委员会和叶剑英、邓小平、李先念等党和国家领导人送了花圈。

◇ 1978年5月22日，八宝山大礼堂，欧阳钦追悼会会场

出席追悼会的中央领导同志有：邓小平、李先念、聂荣臻、邓颖超、王震、汪东兴、韦国清、乌兰夫、吴德、陈锡联、姬鹏飞、阿沛·阿旺晋美、周建人、许德珩、康世恩，中央军委负责人粟裕、罗瑞卿，政协全国委员会副主席宋任穷、沈雁冰、史良、朱蕴山、康克清、王首道、杨静仁、胡子昂、童第周；最高人民法院院长江华，最高人民检察院检察长黄火青。

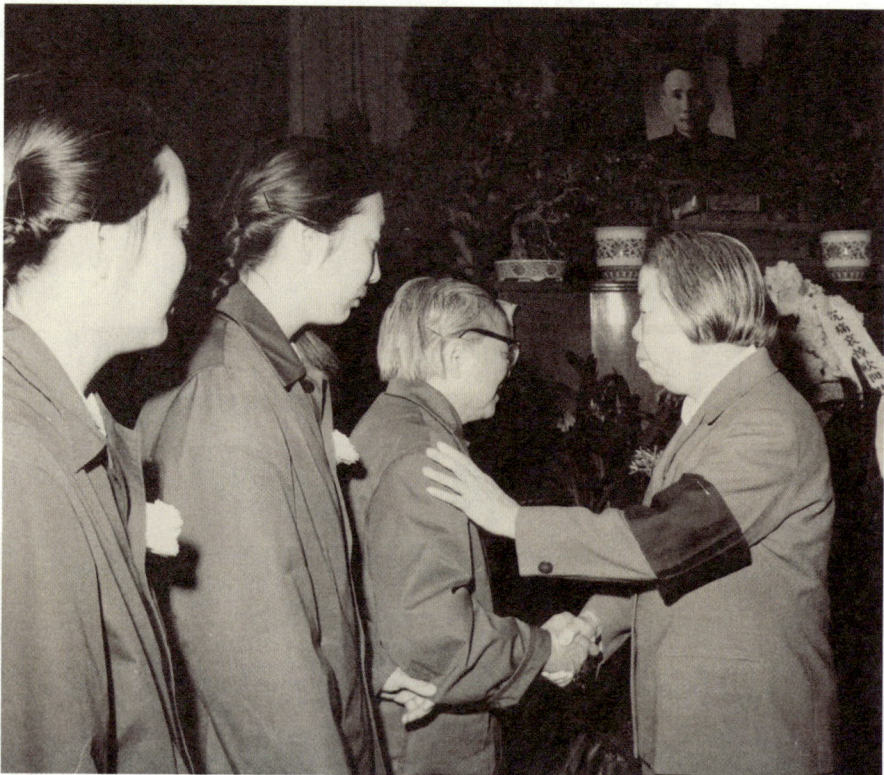

◇1978年5月22日,邓颖超参加欧阳钦追悼会,与欧阳钦亲属握手慰问。右起:
邓颖超、黄葳、晓光、晓明

参加追悼会的还有全国人大常委会委员、政协全国委员会常务委员等。①

---

① 全国人大常委会委员:邓典桃、李贞、李延禄、李昌、杨秀峰、吴冷西、武新宇、林铁、周士
第、胡乔木、曹菊如、袁任远、唐天际、蒋南翔、曾志、楚图南、谭政;
政协全国委员会秘书长齐燕铭,常务委员万毅、王甫、孔原、冯文彬、许立群、孙承佩、孙起
孟、孙晓村、李琦、李文宜、杨士杰、张策、张邦英、张克侠、张维桢、陈养山、罗琼、周扬、
贺庆积、胡克实、夏之栩、徐伯昕、高文华、郭洪涛、章蕴、闫揆要、曾宪植、曾涌泉、蔡啸、
熊复;
中央和国家机关、各军兵种和军事院校、北京市负责人及生前友好胡耀邦、张平化、朱穆
之、罗青长、马文瑞、郑屏年、李步新、陈野苹、童小鹏、李贵、曾涛、张香山、李霄路、李
强、周子健、柴树藩、程子华、叶飞、刘西尧、吕东、于桑、吴庆彤、李梦夫、贾庭三、杨勇、
伍修权、黄克诚、梁必业、张震、王平、萧劲光、吕正操、唐亮、强晓初、刘晓、刘鼎、刘型、
刘英、刘景范、李金德、李卓然、熊天荆、塞先任、吴亮平、聂真、高富有、郑伯克、王万定、
王致中、陈兰、陈琼英、邓六金、彭儒、张开荆。

　　黑龙江省和辽宁省委负责人杨易辰、任仲夷、张林池、李力安、李剑白、陈雷、王一伦，以及人大常委会、政协全国委员会、中央组织部、中央统战部和国务院办公室机关工作人员，共 600 多人。

　　乌兰夫同志致悼词。悼词高度评价了半个世纪以来，欧阳钦为中国人民的解放事业，为国家的社会主义建设作出的重大贡献，高度赞扬了他"襟怀坦白，光明磊落，顾全大局，遵守纪律，团结同志，爱护干部，密切联系群众，严格要求自己，勤勤恳恳，兢兢业业，艰苦朴素"的高贵品德和优良作风。

　　罗瑞卿身体不好，欧阳钦家人劝说他不必来现场参加追悼会，没想到他乘坐轮椅坚持到现场参加追悼会，他的悲伤表情令人动容。

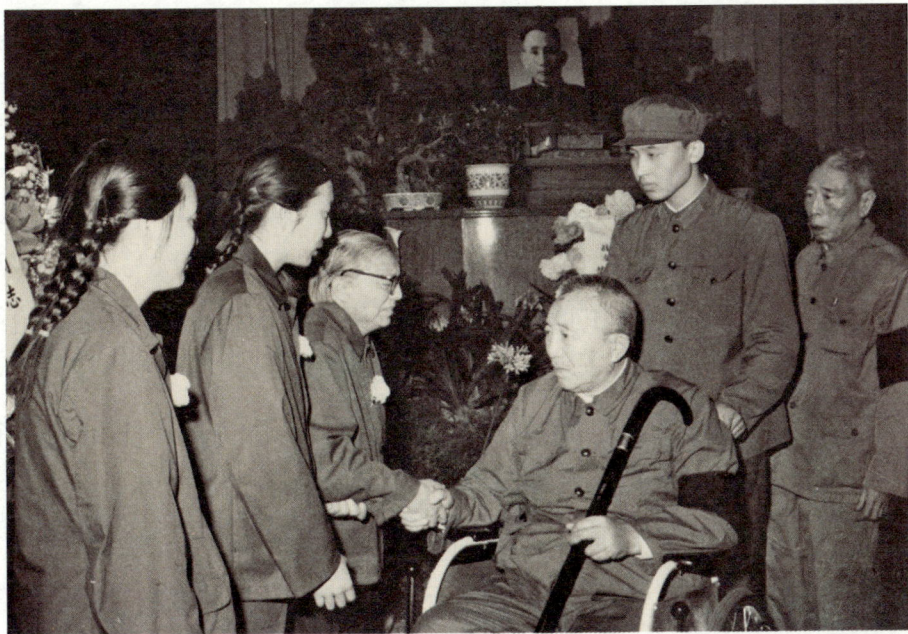

◇1978 年 5 月 22 日，罗瑞卿、宋任穷参加欧阳钦追悼会，与欧阳钦亲属握手慰问。
右起：宋任穷（一）、罗瑞卿（三）、黄葳（四）、晓光（五）、晓明（六）

　　十年浩劫，欧阳钦深受迫害打击，遭遇了家破人亡的悲伤怆痛，他的身体被严重摧残而日渐衰弱，他壮志未酬，宏愿难展。然而，特别值得庆幸的是，他终于看到云开雾散，祸国殃民的"四人帮"一朝覆灭，在东方的曙光里，他看到中国正迈向光明的新时代。

第二十章　告慰双亲　历史至公传佳音

1. 平反欧阳湘冤案

1975 年欧阳钦在与黑龙江省委代表谈话时，满腔悲愤地指明："我儿子欧阳湘是被潘复生迫害死的，他是在枣园长大的，这个冤案应该赶快查清、给予平反。"

但是，欧阳湘冤案平反一直受到严重干扰。

1972 年至 1973 年，黄葳不断向党中央写信申述，要求查办此案。省、市机关人民保卫组两次写出关于"洪新建"案件的复查报告，然而历经 10 年，欧阳湘冤案始终没有查清，主要责任人也未受到追究。

粉碎"四人帮"以后，在杨易辰为第一书记的新省委领导下，欧阳湘冤案才得以彻底查清。1978 年 8 月 12 日，中共黑龙江省委召开大会，宣布了《关于给欧阳湘同志彻底平反的决定》，沉冤十载的欧阳湘终于被平反昭雪。此时欧阳钦已经辞世三个月了，欧阳钦在天之灵会为儿子的平反昭雪深感慰藉。

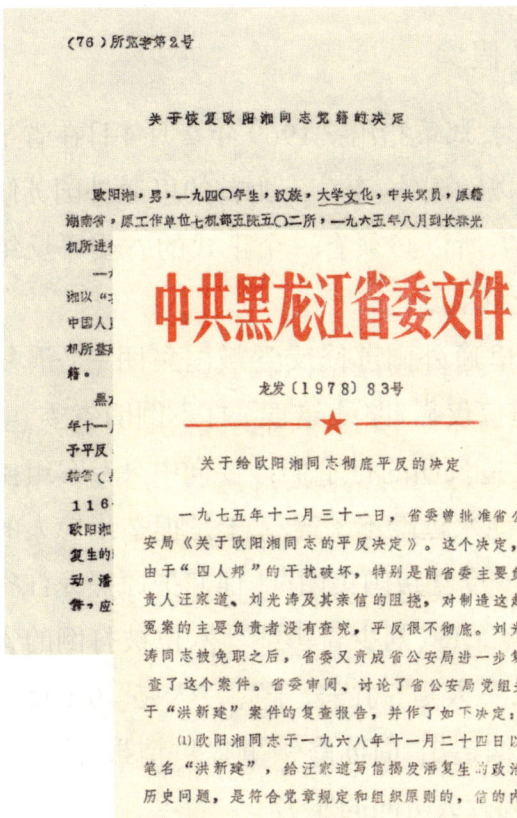

◇ 1975 年，长春光机所关于恢复欧阳湘同志党籍的决定

◇ 1978 年，中共黑龙江省委龙发［1978］83 号文件，《关于给欧阳湘同志彻底平反的决定》

◇ 1978 年 8 月 14 日，《黑龙江日报》报道：欧阳湘同志十年沉冤终得昭雪

◇ 1978 年，长春光机所退回欧阳湘的部分遗物

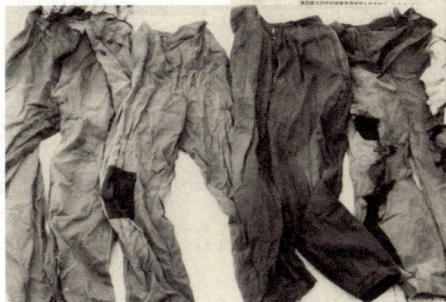

2. 平反"里通苏修反党叛国集团"假案

1975 年欧阳钦与省委代表谈话时,郑重指出:"1969 年 2 月 4 日在省革委会扩大会议的报告里提出的所谓'以欧阳钦、李范五为首的里通外国苏修反党叛国集团'是记在党的文件上的,所以必须有一个正式的省委平反结论,要存入档案,我要看这个平反结论草稿。"

所谓"以欧阳钦、李范五为首的里通外国苏修反党叛国集团"是潘复生一手制造出来的冤假错案,他知道仅仅靠"路线错误"打不倒旧省委,就以"群众办案"作掩护,授意省委机关造反团的打手们:"要向中央专案组搞刘少奇问题那样搞欧阳钦的专案,使他永远翻不了案。"于是捏造出惊人的"里通外国"问题,无中生有拼凑一个"反党叛国集团"。他们把原黑龙江省委划成"三条黑线":即苏修特务、高饶余孽、刘少奇黑线。八位被打倒的省委书记里,有四人是"里通外国分子",三人是"高饶分子",一人是"历史反革命"。他们靠残酷的"逼供信"手段,编造出"向苏修领事提供情报、搞反革命政变基地、阴谋投修叛国"等一系列耸人听闻的罪名。

1955 年苏军从旅大撤军,欧阳钦的原外事秘书、负责与苏联驻军联络的都浩然,奉派从旅大陪送苏联旅大驻军总司令史维卓夫上将到中苏边境,车到哈尔滨火车站,省里举办了隆重的欢送仪式,欧阳钦、韩光亲临车站与原来在旅大熟悉的史维卓夫上将握别,还特派黑龙江副省长、抗联老战士李延禄送苏军到绥芬河出境。这本是中苏友好年代两国军政领导干部之间的正常工作关系和友谊,潘复生一伙竟把它硬说成是欧阳钦指派李延禄、都浩然当联络员,去与苏联建立特务关系,对他们进行了残酷的"逼供信"。

1979 年 3 月 1 日,黑龙江省委发出《关于"以欧阳钦、李范五为首的里通苏修反党叛国集团"假案的平反决定》,这一大案涉及到全国 10 个省、市、自治区,有 180 多人受到不同程度的迫害与牵连,26 人被关押,惨遭刑讯,有的人含冤死在狱中,家属子女均受株连,终于盼到平反昭雪。3 月 10 日哈尔滨市隆重召开平反大会。黄葳专程到哈尔滨,在大会上发言。

№ 0004178

中共黑龙江省委文件

黑发〔1979〕27 号

———————— ★ ————————

关于为"以欧阳钦、李范五为首的
里通苏修反党叛国集团"假案平反的决定

各地、盟、市、县、旗党委，省委各部、委、办，省革委
各委、办、局党委、党组：

　　无产阶级文化大革命运动期间，潘复生等人积极推
行林彪、"四人帮"的反革命修正主义路线，大搞篡党夺权阴
谋活动，妄图搞垮整个黑龙江省委，并进而把矛头指向了敬
爱的周总理和中共其他领导同志，疯狂打击和陷害大批革
命同志，于一九六八年底党的八届十二中全会后，制造了一
起骇人听闻的"以欧阳钦、李范五为首的里通苏修反党叛
国集团"重大假案，把欧阳钦、李范五、王一伦、杨易辰、
李剑白、任仲夷、陈雷七名省委书记，谭云鹤、李瑞两名

— 1 —

◇ 1979 年，中共黑龙江省
　委黑发〔1979〕27 号文
　件：《关于为"以欧阳钦、
　李范五为首的里通苏修
　反党叛国集团"假案平
　反的决定》

◇ 1979 年 3 月 13 日，《黑
　龙江日报》报道：为"以
　欧阳钦、李范五为首的
　里通苏修反党叛国集团"
　假案平反，为受害同志
　昭雪

3. 百年诞辰纪念

1992 年,由黑龙江省委党史研究室和陕西省委党史研究室合编的《纪念欧阳钦》出版发行,邓小平和李先念分别题写书名、杨尚昆作序。

◇ 1991 年,邓小平为《回忆欧阳钦》文集题字

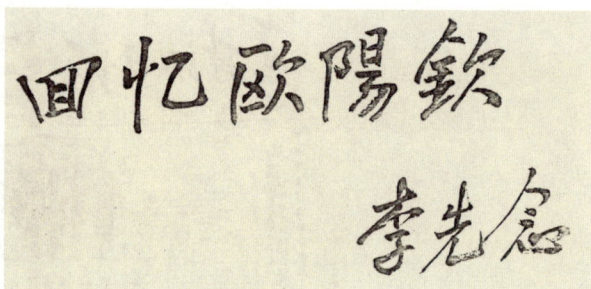

◇ 1991 年,李先念为《回忆欧阳钦》文集题字

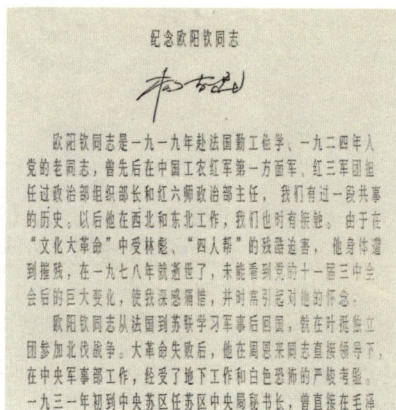

◇ 1991 年,杨尚昆为《回忆欧阳钦》文集撰写的文章

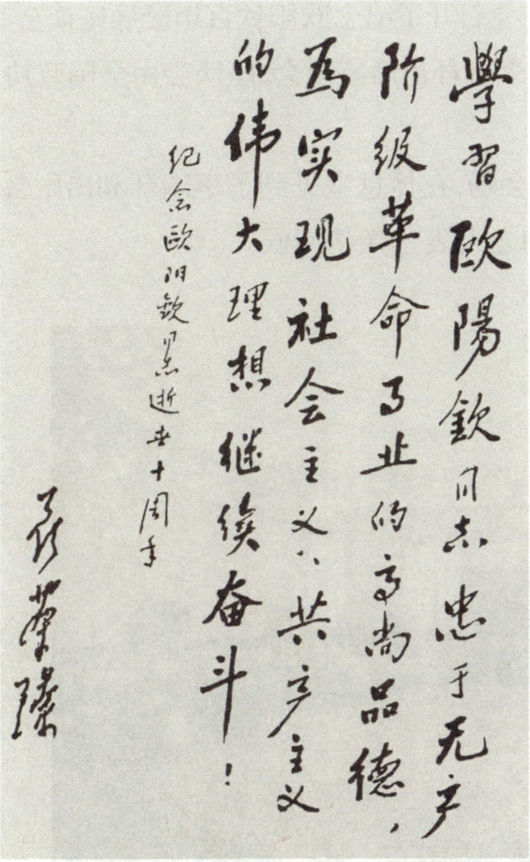

◇ 1988 年，聂荣臻为纪念欧阳钦逝世
　10 周年的题字

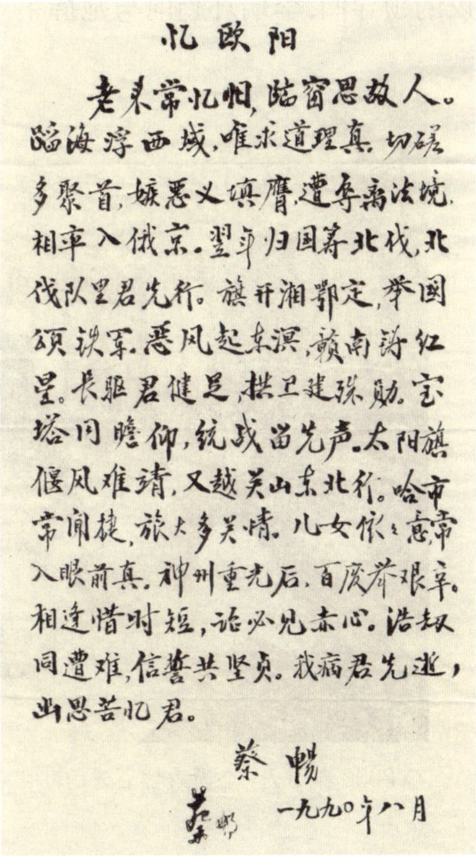

学习欧阳钦同志忠于无产
阶级革命事业的高尚品德，
为实现社会主义、共产主义
的伟大理想继续奋斗！

纪念欧阳钦逝世十周年

聂荣臻

◇ 1990 年，蔡畅题写的《忆欧阳》诗词

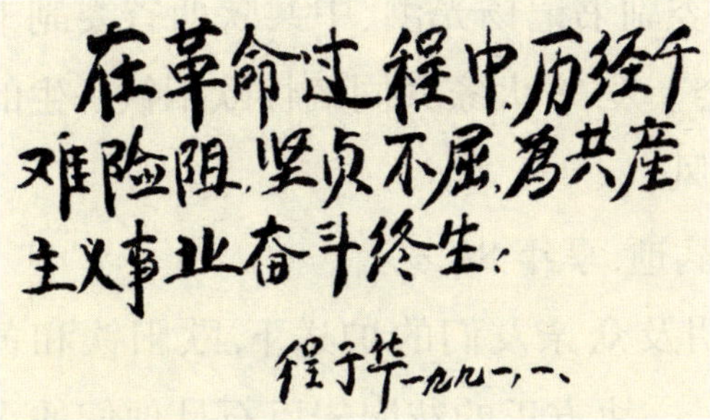

◇ 1991 年，程子华为《回忆欧阳钦》
　文集题词

在革命过程中,历经千
难险阻,坚贞不屈,为共产
主义事业奋斗终生.

程子华一九九一、一、

2000 年 8 月，全国政协在政协礼堂召开了纪念欧阳钦百年诞辰座谈会，中共中央政治局常委、全国政协主席李瑞环出席座谈会，座谈会由全国政协副主席陈俊生主持。

黄葳因病行动不便，未到座谈会会场，在休息室见到了李瑞环和出席会议的领导们，李瑞环趋前与她握手，向老人表达亲切问候。

◇ 2000 年 8 月，全国政协召开的欧阳钦百年诞辰座谈会会场

欧阳钦的亲属和生前友好 100 多人出席座谈会，全国政协副主席杨汝岱、中纪委常务书记韩光、黑龙江省委副书记杨光洪、中共陕西省委副书记艾丕善、欧阳钦女儿欧阳晓光等在会上发言，大家共同缅怀欧阳钦一生的革命历程，学习他的高尚品格和优良作风。

2002 年 9 月 19 日，黄葳在北京病逝，享年 88 岁。

2003 年 9 月，在女儿晓光、晓明及众亲友们的护送下，欧阳钦和黄葳骨灰落葬于八宝山的苍松翠柏之间，一块方正的花岗岩巨石是他们的无字丰碑。

◇2003 年 9 月, 欧阳钦、黄葳骨灰安葬在八宝山一棵翠柏之下, 晓光（左）、晓明（右）与父母告别

◇欧阳钦、黄葳骨灰在八宝山革命公墓安葬地

4. 海峡两岸的兄妹亲情

在纪念欧阳钦百年诞辰座谈会上,欧阳晓光谈到父亲的未了心愿:"在战争年代,他失散了两个孩子,解放后一直没有找到,这是他心中一直不可愈合的伤痕。"

没想到,欧阳钦去世 30 年后,他一生寻找的儿子欧阳一明突然出现了。

2008 年秋的一天,晓光突然接到来自武汉的陌生电话。在确认是欧阳钦的女儿后,来电人说:"我有个同学叫欧阳一明,今年 81 岁了,他的父亲是欧阳钦,他现住在台湾养老院,照顾他的也是我们的同学,叫任文祥 ……"欧阳晓光马上给吴德峰的女儿吴持生打电话,因为吴德峰夫妇和欧阳钦、蔡纫湘夫妇的战友情谊源远流长,吴持生不止一次给晓光、晓明讲过父亲和蔡纫湘妈妈的故事。吴持生在电话中对晓光说:"他很可能就是当年欧阳伯伯苦苦寻找的一明哥哥!"

让时光倒退到西安事变和平解决后的 1937 年夏。在上海坐牢两年半后,蔡纫湘被国民党当局释放出狱。她决定去武汉父母那里,要把儿子一明接到身边。正值卢沟桥事变后,烽火连天,外公外婆不放心她带走孩子。蔡纫湘在家只待了不到半天,就匆匆告别父母和儿子,从武昌赶赴西安。

武汉沦陷后,外公外婆带着一明逃难到重庆,历尽艰辛把外孙养大,抗战胜利后才回到武昌老家。外公被省政府派到宜昌工作,留下一明自己在武汉上学。

1949 年 4 月,高中生一明因为与校长争执被开除,立即陷入衣食无着的窘境,为了活命,他无奈走向街头的招兵处。他不知道国民党政府即将垮台,他的父亲为之奋斗终生的事业就要在全国取得胜利了。在人生最重要的十字路口上,欧阳一明阴差阳错地走向歧途。

武汉刚解放,欧阳钦就给武汉市首任市长吴德峰写信,请老战友帮忙寻找欧阳一明。吴德峰动用一切力量寻找一明,同时在《长江日报》刊登醒目的寻人启事。后来听说欧阳一明那支队伍去了越南,吴德峰甚至向越南主席胡志明求援,然而多年过去,欧阳一明杳无音信。

◇ 1948 年夏，欧阳一明和外公蔡忏吾合影。欧阳钦（左照）与欧阳一明（右照）分别保留这张老照片

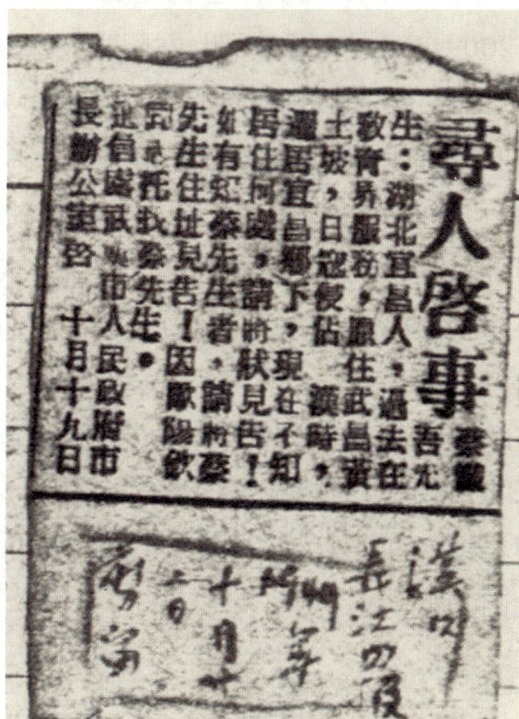

◇ 1949 年 10 月 22 日，吴德峰在《长江日报》刊登寻找蔡忏吾的寻人启事

欧阳钦生前每次到吴德峰家,看到吴的二儿子爱生,便会叹息:"一明要是在,也和爱生这么大啦……"

60 多年后,欧阳一明的经历才真相大白:他参加的这支国民党部队一路南逃,从广西边境进入越南,被法军缴械控制,软禁在一个小海岛上。三年半后蒋介石派军舰把这支残军接回台湾。

在纷繁复杂的中国政治风浪中,欧阳一明如同一片孤叶随波漂泊。他在台湾一直在基层部队当兵,有升迁的机会也屡屡放弃,直至退休。他避讳与人谈父母,他把自己身世的秘密埋在心底。1978 年欧阳钦逝世的消息在台湾的报纸上刊登过,他剪下报纸悄悄保留起来。他终身未娶,孤独一人,后来在好友任文祥的帮助下,住进彰化的一家养老院。

晚年的欧阳一明经历了一次几乎致命的大病后,突然萌生一个强烈的愿望,他要寻找从未谋面的父亲的踪迹。他托朋友在互联网上查到了父亲的照片和简历,打印好留在身边。2008 年,他与任文祥夫妇结伴回大陆,在武汉探亲时,他向老同学们道出自己的身世之秘,热心的老同学们四处查询,终于找到了晓光和晓明。这就是 2008 年秋那个神奇电话的缘由。

2009 年 4 月,欧阳一明、欧阳晓光、欧阳晓明兄妹三人终于在武汉相见相认。一明在武汉的老同学以及任文祥夫妇见证了三兄妹的历史性团聚,分享了跨越海峡两岸的浓浓亲情。

一明一生没见过父亲,只在 9 岁时匆匆见过母亲一面。和两个妹妹相认后,他的最大心愿是去拜祭父亲和母亲。倏忽 60 载光阴,"离去青春俊少年,归来幡然一老翁",2009 年 9 月 22 日,一明在好友任文祥夫妇陪同下,从台湾飞来北京。一明、晓光、晓明兄妹一起到八宝山革命公墓陵园,站在父亲欧阳钦和母亲黄葳的墓碑前。深深地三鞠躬后,一明敬献了花篮,上面写着"父母安息! 儿欧阳一明敬挽"。9 月 23 日,兄妹又到西安烈士陵园。一明望着妈妈的墓碑,深深三鞠躬。他敬献的花篮上写着:"母亲蔡纫湘安息! 儿欧阳一明敬挽"。

◇ 2009 年 9 月，在北京家中合影。左起：刘无畏、晓光、萧梨（任文祥夫人）、任文祥、欧阳一明、晓明、苏中

◇ 2009 年 9 月，欧阳一明在北京八宝山革命公墓欧阳钦黄葳墓前留影。左起：欧阳一明、吴持生、晓光

◇ 2009 年 9 月，欧阳一明在西安革命烈士陵园蔡纫湘墓前祭奠母亲

一明三兄妹相认后，妹妹们一直想去台湾看看哥哥的生活情况，直到
2011 年 7 月，台湾对大陆开放了自由行，这个愿望才得以实现。2011 年 12 月
晓光一家去台湾，与一明共度 2012 年新年。之后晓明一家、外甥女们都去
台湾看望了一明。

◇ 2011 年 12 月，晓光一家去台湾探望欧阳一明。左起：刘无畏、晓光、欧阳一明、刘云帆

◇ 2014 年 4 月，晓明夫妇去台湾看望欧阳一明。左起：晓明、苏中、欧阳一明、蔡启光、任文祥、萧梨、林小姐

现在，一明再不孤独了，他知道父亲对他恒久的大爱，一直在找寻他，想念着他。他现在有了妹妹，还有了许多关心他的朋友。

如果欧阳钦和他的两任夫人在天之灵知道这一感人至深的兄妹相见的故事，一定会相拥贺喜，喜极而泣。

◇全家人

欧阳钦 —— 他从湖南宁乡的小小山村走出，走向欧亚，走遍全国。他的一生伴随了中国共产党艰苦卓绝的革命战争历史，也经历了波澜壮阔的社会主义建设历史，他用一生实现了一个共产党员为共产主义理想奋斗，为国家强盛，人民幸福奋斗的誓言，他的业绩、思想、品德活在人民心中，他的英名将永垂史册。

欧阳钦生平简历

■ 1900 年 8 月，出生于湖南省宁乡县

■ 1915 年，考入长沙市长郡中学

■ 1919 年 3 月，参加第一批赴法勤工俭学

■ 1924 年 2 月，在法国参加社会主义青年团，同年 5 月转为中国共产党党员

■ 1925 年 8 月，被派往莫斯科苏联红军学校中国班学习军事

■ 1926 年 5 月，回国在叶挺独立团参加北伐战争

■ 1926 年 9 月，调中共湖北省委军委任秘书

■ 1927 年 4 月，调中共中央军事部任组织科长、秘书长、中共中央组织部科长

■ 1931 年春，任中共苏区中央局秘书长

■ 1932 年春，调瑞金红军学校先后任中共总支书记、政治部主任

■ 1933 年冬，调任红一方面军政治部组织部部长，后任红三军团政治部组织部部长

■ 1934 年夏，任红三军团第六师政治部主任，后参加了长征

■ 1935 年 10 月，长征到达陕北后，先后任中共西北中央局秘书长，陕甘省委组织部部长

■ 1936 年 5 月，任陕甘工委主席，兼东北军工作委员会委员

■ 1936 年 12 月，任中共陕西省委常委，西北军工作委员会书记，后任宣传部部长

■ 1939 年 9 月，任中共陕西省委书记

- 1941 年 12 月，任中共中央西北局调研局副局长
- 1943 年 1 月，任中共中央西北局副秘书长，后任秘书长，中共第七次代表大会代表
- 1945 年，抗战胜利后，调中共冀察热辽中央分局秘书长
- 1948 年 7 月，调任中共旅大地委书记，后改为旅大区党委书记、旅大市委书记，期间兼任旅大市市长
- 1954 年 8 月，调任中共黑龙江省委第一书记，曾兼任黑龙江省省长。1960 年 10 月后任中共中央东北局第二书记，仍兼任黑龙江省委第一书记。中共第八次代表大会当选为中央委员
- 1967 年 1 月，"文化大革命"期间遭受迫害
- 1978 年 3 月，当选第五届全国政协副主席、第五届全国人大常委
- 1978 年 5 月，突发心脏病，逝世

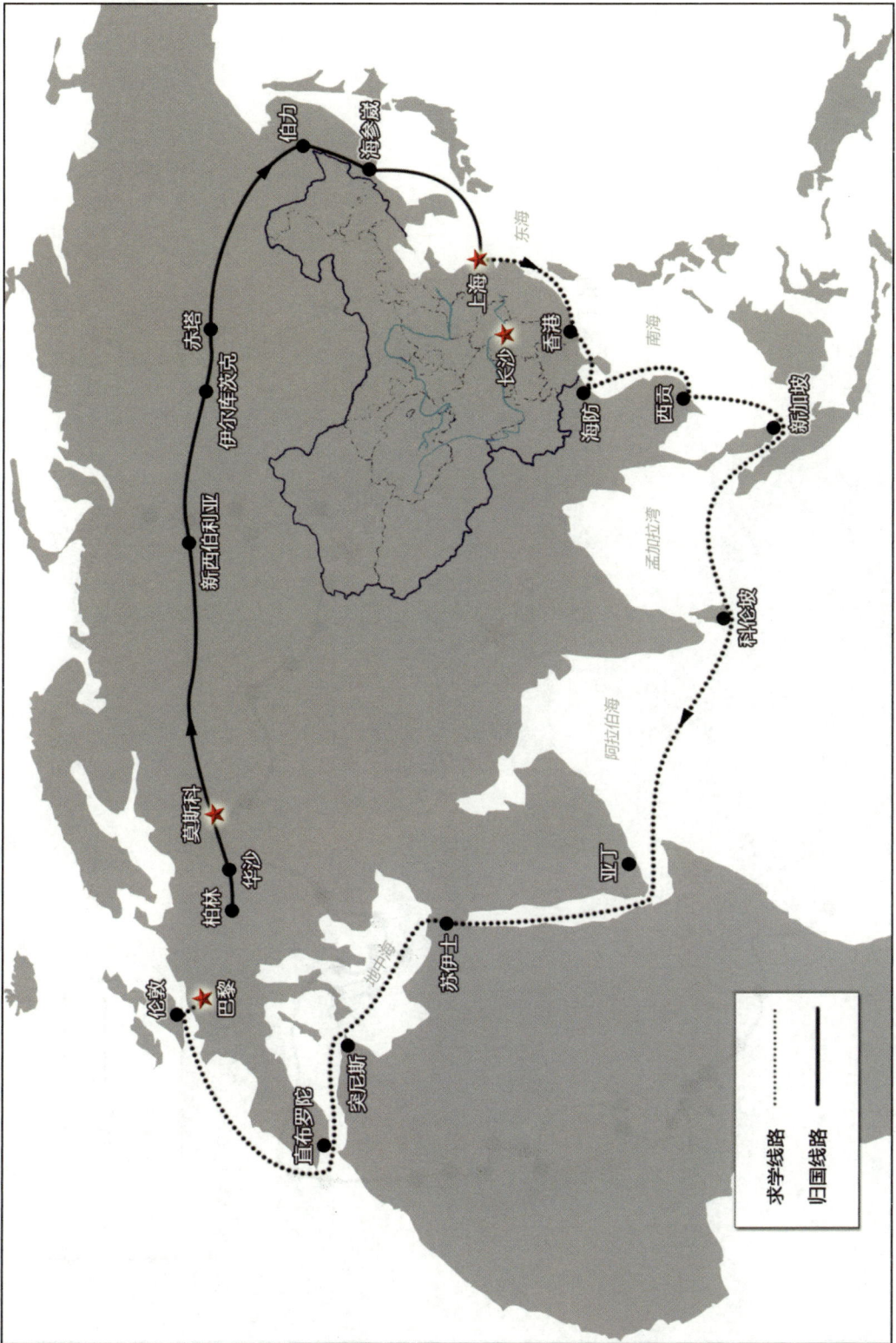

伯力 海参崴 东海

上海 香港 南海

长沙

海防 西贡 新加坡

孟加拉湾

阿拉伯海 科伦坡

亚丁

苏伊士 地中海

雅典

直布罗陀

伦敦 巴黎

柏林 华沙

莫斯科

新西伯利亚

伊尔库茨克

赤塔

求学线路 ·········
归国线路 ——

欧阳钦重要足迹图（1919 年—1926 年）

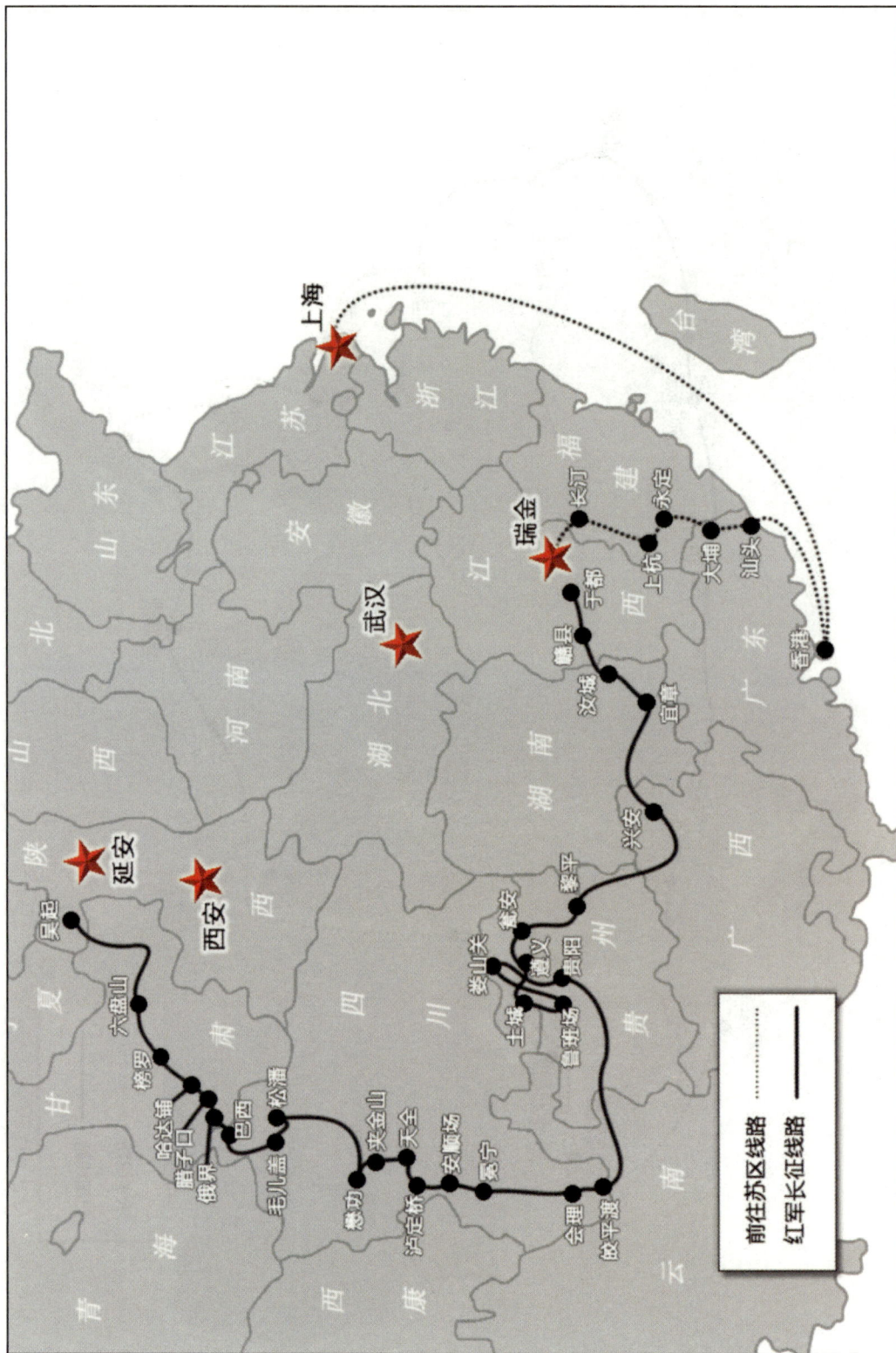

欧阳钦重要足迹图（1930 年—1935 年）

图例

○ 从延安到冀热辽地区 1945年9月—12月
◎ 在冀察热辽域内转移 1946年10月—1947年6月
● 从冀察热辽到大连 1948年6月初—1948年7月底

★ 大连

★ 承德

★ 延安

欧阳钦重要足迹图（1945年—1948年）

人名索引

A

阿洛夫 46

阿沛·阿旺晋美 237,241

艾丕善 250

安群 49,50

安子文 76

B

白潜 162

白茜 47

白汝媛 163

白鑫 17

边章伍 29

别罗保罗道夫上将 64

C

蔡忏吾 16,253

蔡畅 5,13,241,249

蔡和森 4,5,7,9,10,11

蔡启光 257

蔡纫湘 16,17,19,21,23,32,33,252,256

曹冠群 45

曹祥仁 202

常一彬 160

车向忱 31

陈伯村 86

陈伯达 81

陈常武 10,

陈琮英 33

陈赓 3,17,31,87,88,139,140,221

陈公培 5

陈剑飞 130,132,133,134,149,151,161,193

陈俊生 102,103,124,125,179,250

陈雷 103,107,108,149,150,151,152,
160,163,172,174,175,193,243

陈宁娜 194

陈丕显 225

陈其尤 31

陈奇涵 57

陈绍常 9

陈绍休 5

陈书乐 5

陈铁军 194

陈沂 66

陈锡联 151,237,241

陈延年 12,13

陈一凡 163

陈延生 40

陈毅 5,11,73,74

陈友才 29

陈元直 96,106,149,151,152,160,193

陈云 102

陈正人 44,46

陈迪生 40

陈知建 221

陈柱天 38,39

成湘 9,10

程晓侯 172

程子华 54,57,59,225,249

程子健 5

丛深 170,174

崔庸健 154,155

D

戴经平(经平) 186

戴经天(经天) 208

戴经一(经一) 186

戴也怡 186

戴中明 206,220

戴中溶 39,40,41,223

戴中淑 220

邓小平 5,137,148,150,151,232,233,2
　　　37,238,241,248

邓颖超 87,88,149,241,242

董必武 173

董学源 29

都浩然 89,246

杜理卿 29

杜星垣 58

F

范儒生 58

范子文 47,163

方圆 9

封文彬 194

冯秉天 68,86,106,116,163

冯纪新 106,107,108,149,152,160,
　　　161,162,163,171,

冯马奇(马奇) 211

冯仲斌 163

傅昌钜 9,10

傅烈 5,9,13

傅涯 87

傅钟 5,13

G

高岗 61,96,100

高轩 40

高延延 40

高自立 57,

葛健豪 5

顾顺章 18

关山复 162

关向应 17

郭春涛 9,10

郭隆真 5,13

郭沫若 212

郭述申 18,86,88,90,91

郭颂 170

龚彤宣 116

H

韩光 31,61,68,70,72,75,84,90,
　　91,95,97,100,101,106,125,
　　127,128,237 ,246,250

韩欧亮(欧亮)211

韩亚民 165,184

郝德治 154

郝治平 151

何叔衡 21,32

何泽慧 38

何长工 5

贺果 5,9,10

贺晋年 84

贺龙 151

贺振新 142

侯昌国 9,10

胡立教 163

胡锡奎 57

胡耀邦 124,237

胡志明 252

胡忠海 72

胡子昂 237,241

华国锋 228,233

华罗庚 212,221

黄功术 2

黄火青 55,57,59,116,124,125,
　　142,154,161,162,202,
　　203,204,225,241

黄进 10

黄敬 141

黄克诚 114

黄力 68,91,106,125,

黄流 45

黄欧东 31,202,203

黄齐生 5

黄葳 38,39,40,45,49,50,52,68,
　　77,78,91,92,93,96,112,169,
　　179,180,182,184,185,187,
　　188,196,197,198,199,204,
　　205,206,207,209,210,218,
　　219,220,221,222,223,225,
　　228,233,234,235,237,238,
　　239,240,242,243,244,246,
　　250,251,254,255,274

黄永胜 57

J

姬鹏飞 237,241

贾杰 194

贾拓夫 29,31,44,46

江华 202,241

江渭清 202

江泽民 5,13

蒋宪端 38

解云清 149,151,161,163,193

金城 31

金日成 154

K

康克清 86,237,239,241,

康敏庄 86

康世恩 134,237,241

孔从洲 31,35,

L

李采如 183

李昌 160

李初梨 35

李翠娥 2

李范五 31,130,132,145,146,148,
149,150,151,152,153,161,
162,163,169,171,175,176,
178,200,246,247,

李富春 3,5,7,9,10,13,20,80,81,
148,150,151,223,227,

李高柔 170

李季达 5

李剑白 103,106,108,112,129,130,
132,133,134,135,139,147,
149,152,160,163,179,193,
243

李景和 164,169

李克农 29,31

李力安 243,274

李立三 10,11

李林 9,10,13

李敏 103

李屺阳 45

李锐 115

李瑞 106,149,151,161,172,174,193

李瑞环 250

李维汉 5,7,9,10,17,31

李维信 170

李西木 103,106,117,124,125,154,
163,165,172,195

李先念 153,241,248

李延怀 40

李延禄 160,246

李运昌 57

李振盛 215,216,217

李治文 128,160,163

李卓然 5,46,86,114

李子光 57

栗又文 161

梁一鸣 170

廖承志 31

廖开 10

廖梦醒 90,91

廖志高 225

林伯渠 36,48,90,91

林枫 31,100

林铁 116,225

林蔚 5,6,10,12,13

林肖侠 106,107,152,165,166,186

刘柏东(柏东) 94

刘伯承 15,16,33,89,

刘伯坚 5,13

刘春兰 220

刘鼎 13,31

刘多泉 31

刘范祥 9

刘方岳 10

刘洁扬 5

刘居英 140,141,143

刘澜波 31

刘明俨 10,13

刘南生 46,62

刘培植 31

刘仁 116

刘少奇 113,145,146,147,148,
　　　204,246,

刘思聪 111,129,134,163

刘崧生 10

刘无畏 2,255,257,258

刘亚楼 81,151

刘迎迎 194

刘云帆 257,258

刘志坚 24

龙骧群 9,10

龙云 31

娄绍丞 10

娄绍莲 9,10

鲁易 17

陆毅 62,72

卢茨基 66

罗瑞卿 18,29,31,151,195,233,
　　　241,243

罗叔章 61,90,91

罗学瓒 5,9,10

罗亦农 17,18

罗志焕 176

吕东 80

吕和 167,168

吕其恩 107,117,130,149,151,163,
　　　167,172,174,180,

吕振羽 77

M

马俊 171,193

马明方 162

马晓文 40

马叙伦 31

马寅初 31

毛泽东 4,6,20,22,23,24,36,44,
　　　45,47,79,80,81,83,84,94,
　　　113,114,115,156,189,201

梅兰芳 79

梅筑培 10

孟洁 194

牧岚 174

穆青 5,13

N

倪伟 162,163

聂荣臻 5,13,15,16,237,239,241,
　　249

O

欧阳果成 2

欧阳灵泽 2

欧阳宁辉 2

欧阳苏阳 258

欧阳湘(湘湘)40,49,52,78,92,93,
　　184,185,186,188,190,197,
　　198,204,210—220,237,
　　244,245

欧阳晓光(晓光)2,92,93,169,178,
　　183,184,185,187—191,
　　194,197,198,203,204,
　　206,207213,214,218,220,
　　225,237—240,242,243,
　　250,251,252,254—258

欧阳晓明(晓明)92,144,169,184,
　　185,187—190,194,197,
　　198,203,204,207,208,
　　213,214,218,220,225,
　　238,239,240,242,243,

250,251,252,254—258,
　　275

欧阳一明(一明)2,252—258

欧阳毅 46

欧阳玉池 1

P

潘友新 66

潘复生 198,200,204,205,213,
　　214,218,219,244,246

彭德怀 22—25,114,117,140

彭光涵 31

彭湃 17

彭毓泰 40,45

朴成哲 154

Q

齐连登 5

钱三强 38

强晓初 107,108,117,132,134,142,
　　148,151,152,162,163,172

秦邦宪 29

屈伯川 77

瞿秋白 32

曲长川 112,123,179

R

饶来杰 5,13

任弼时 3,20,22,33,44

任光 5

任理 9,10

任文祥 252,254,255,257

任仲夷 70,72,103,107,118,
150—153,160,161,166,167,
171,178,180,193,200,243

S

萨空了 31

赛福鼎 81,82

沙博校长 10

沙博校长夫人 1 0

沙博校长女儿 10

沙志诚 31

申伯纯 31

申力生 27

沈粹缜 90

沈雁冰 237,241

师哲 81,82

史纪德 31

史良 241

史维卓夫上将 64,246,

帅孟奇 225

斯大林 75,79,80,81,82

四宝 233

宋克南 154

宋勤 144

宋庆龄 90,91

宋任穷 150,151,154,162,225,237,
241,243

宋玉和 29

苏联代理首席顾问格瓦廖夫 141

苏联首席顾问奥列霍夫 140

苏林燕 57

苏中 255,257 258

粟裕 73,74,241

孙发力 9,13

孙杰 7

孙蔚如 31

孙作宾 27,29

T

谭辉 2

谭云鹤 103,108,140,149,151,159,
161,163,193,274

唐铎 5,142,143

唐凤岐 169

唐灵运 9,10

唐天际 24

唐兆铭 13

陶鲁笳 225

滕代远 83

田晓红 194

童第周 237,241

童小鹏 29,31

W

汪东兴 204,237,241

汪锋 31

汪荣华 33

汪泽楷 9,10,13

汪泽巍 9,10,13

王操犁 103,127,128,151,163,
　　　165,166

王大珩 38,77

王大军 86

王典典 194

王光美 146

王汉斌 116

王鹤峰 106,160,163,191,193

王稼祥 80,81

王金玉 176

王进喜 137

王军 106,167,180

佩璜 13

王平 151

王人达 9

王若飞 5,13

王守义 5

王首道 237,241

王书堂 5

王树棠 163,179

王锡珍 31

王新三 162

王玄 180

王耀南 23

王也甲 152

王一飞 16

王一伦 149,150—152,160,161,163,

171,174,175,193,243

王育平 31

王震 48,126,128,131,149,221,
　　　223,224,227,237,240,241,

王之 221

王祉 9

王致中 9

韦国清 237,241

乌兰夫 237,241,243

吴持生 252,255,

吴德 116,117,124,125,154,161,
　　　162,237,241

吴德峰 17,31,252,253,254

吴琳涛 160

吴玉章 6

吴自立 29

伍修权 29,66,80,81

X

习仲勋 31

向警予 5

向忠发 18

项英 17

肖碧莲 2

肖斌 206,220

肖步阳 170

萧劲光 3,48,66,67,84,85,242

肖朴生 5

肖强 206

肖塞 237

萧三 7,9,10,13

肖向荣 151

萧拔 9,10

萧华 66,67,85

萧梨 255,257

萧式 9

萧振汉 9,10

谢德明 68

谢福林 151,193

谢苗诺夫 66,67

谢有法 142

谢振华 225

邢士贞 17

熊瑾汀 221

熊锐 5

熊天荆 39

熊信吾 5

熊芷难 5

徐彬如 35

徐海东 85

徐立行 141

徐特立 5

许德珩 5,237,241

许涤新 31

许建国 29

许六鲜 10

薛明 151

薛世伦 9,10

Y

颜昌颐 5,9,10,16,17

杨·格·毛雷尔 153

杨大昌 10

杨大莉 203

杨光洪 250

杨虎城 27,28

杨建力 203

杨静仁 237,241

杨明轩 31

杨平 194

杨汝岱 250

杨尚奎 202

杨尚昆 22,148,150,151,248

杨小莉 203

杨伟力 203

杨一木 225

杨易辰 108,111,126,149,150,151,
152,159,160,161,171,178,
193,228,237,240,243,244

杨殷 17,18

杨勇 151,242

叶飞 225,242

叶剑英 28,29,233,241

叶挺 14

叶选宁 144

尹宽 10,13

于谷莺 65,86

于光远 38

于杰 106,107,150,151,160

于林 107,152,163,172

于世德 170

于天放 160

于毅夫 31

余秋里 134,136,137,142,223,227

余增生 10

郁文 212

喻屏 162

袁子贞 9,10,13

云燕铭 170

Z

詹洪友 194

张爱萍 19,85

张邦英 76

张德生 113,114,224

张国焘 15,24

张浩 33

张恒轩 152

张化东 80

张继 6

张开荆 106,149,160,193,242

张凯 224

张昆弟 5,9,10

张厘 103,151,193

张丽霞 194

张林池 103,163,166,243

张平化 202,203

张权 174

张瑞麟 31,151,161,172,193

张申府 5

张世军 149,193

张树德 118,163

张太斌 166,167

张闻天 114

张奚若 31

张向凌 163,174,193

张学良 27,28,29

张学铭 31

张学思 84

张衍 140,141,142

张增益 9,12

张子华 29

章伯钧 14

赵昂 7

赵伯平 38

赵桂兰 74

赵去非 149,193

赵仁堂 89

赵世炎 5,12,13

赵寿山 31,35

赵扬 175

赵毅敏 57

郑延毂 10

曾淳 31

曾三 3,29,31,

曾生 225

曾宪生 203

曾志 225

曾中生 17

钟期光 89

钟汝梅 5

周伯蕃 102

周恩来 5,12,16,17,18,20,21,24,
　　28,29,31,66,67,80,81,83,
　　84,85,86,87,88,114,123,
　　126,132,135,136,142,143,
　　149,155,199,209,227

周桓 162

周建人 237,241

周盼 50

周世昌 5

周希汉 151

周小舟 114

周扬 173

周玉书 9,10

周重光 147

朱德 13,14,15,16,22,40,73,86,
　　140,141,149

朱德海 125,202,203

朱凤熙 31

朱敏 86

朱明 91

朱毅 73

朱蕴山 237,241

庄西侯 31

资道焜 17

宗克文 193

邹文轩 94

后 记

　　早在 1990 年春，为了纪念我党老一代革命家欧阳钦同志 90 周年诞辰，在众多中央领导同志的支持下，黑龙江省委党史研究室与陕西省委党史研究室携手合作，共同编辑出版了《回忆欧阳钦》一书。但是受当时各方面条件的限制，这部以回忆录结集而成的作品未能收录保存在欧阳钦亲人手里的大量历史照片、手迹、工作笔记等宝贵历史资料，多年来，这成为欧阳钦亲人萦系心头的一件大事。

　　从 2011 年起，我们开始收集整理欧阳钦大量历史文字资料和珍贵照片，在此期间，中共大连市委党史研究室、黑龙江省委党史研究室及两地档案部门和工商联都给予了大力支持，提供了许多珍贵文档信息。李力安、谭云鹤、都浩然等老同志曾接受采访，为我们追忆历史的点滴片段。

　　在近两年的时间里，两位作者通力合作，孜孜以求，日夜兼程，编著完成《欧阳钦画传》。经中共党史出版社编辑的辛勤细致编辑，使这本画传得以付梓出版。《欧阳钦画传》中 370 余幅历史照片生动再现出自 20 世纪初叶起，以赴法国勤工俭学、参加中国共产党为起始点，在漫长的 60 余年中，经历过新民主主义革命的战争年代和新中国的社会主义建设年代，欧阳钦那勃勃英姿和音容笑貌。特别在十年浩劫的艰难岁月里，他与老伴黄葳相濡以沫、风雨同舟、坚忍不拔的情景，感人至深。画中有传，传中有史，史中有情。

　　这部画传展示的不仅是欧阳钦个人的人生足迹，也是一部中国共产党的发展奋斗史，体现了一代共产党人在艰苦的战争岁月和新中国初创建设期所建树的丰功伟绩。可为中国当代历史研究增添真实的史料，为中共党史研究提供新的素材。

　　我们特别感谢全国政协、中共黑龙江省委和大连市委对《欧阳钦画传》编撰、出版工作的大力支持;九旬老人、原欧阳钦秘书李西木对《欧阳钦画传》全稿认真审读,提出宝贵修改意见;欧阳晓明女士参加了《欧阳钦画传》编撰的全过程工作;菁菁女士精心画出三张欧阳钦足迹图;还有其他许多帮助我们提供信息、核查史实,辨认照片人物的朋友,我们在此一并表示衷心感谢。

　　由于年代久远,画传中许多照片的原摄制者难以一一弄清,期盼知情者不吝指教。同时受作者文史水平所限,书中难免有疏漏和不足之处,也敬请广大读者和专家的批评指正。

作　者
2015 年 10 月